ビジネスエリートがやっている

FIGHT ファイトネス NESS

体と心を一気に整える方法

大山峻護 企業研修トレーナー

あさ出版

はじめに　心と体は連動している

強い者よりも変化できる者

忙しい毎日を過ごすなかで、結果が出なくて落ち込んでしまったり、職場の対人関係に悩まされたりといったストレスを抱えている方は多いのではないでしょうか？

２０１８年に行われた労働安全衛生調査（実態調査）によれば、いまの労働環境において強いストレスを感じている方の割合は58・０％。半分以上のビジネスパーソンがなんらかのストレスを抱えていると言われています。

さらに、２０２０年の新型コロナウィルスの大流行により、わたしたちの生活様式は劇的に変わりました。職場ではテレワークが急速に進み、人との距離に配慮しながらの生活が日常化するなど、目に見えないウィルスの脅威によって、社会がここまで変化してしまったことには驚かされるばかりです。

みなさんはこの変化をどのように感じたでしょうか？

もしかしたら、困難を前に「もうダメだ」と、ネガティブな思考に陥ってしまって、さらにストレスを溜め込んでしまった方もいるかもしれません。

しかし、わたしはそうは思いませんでした。むしろ「いまこそチャンスだ」と、積極的にオンラインツールを取り入れてイベントを開催してみたり、いまもこうして本を書くことにチャレンジしてみたりと、新しい取り組みを行っています。

ただ、わたしがこのように前向きに考えて行動することの大切さを強く意識するようになったのは、実は現役を引退してからでした。

総合格闘家だったわたしは、現役時代、結果が出ない日々に強いストレスを感じていました。ヴァンダレイ・シウバ選手、ダン・ヘンダーソン選手、ミルコ・クロコップ選手ら、格闘技の世界で頂点に立つ強豪たちと対戦しましたが、その高い壁に何度も跳ね返され、その度に、気持ちを入れ替えて次の試合へと走り出していました。

現役当時のわたしの戦績は、33戦14勝19敗。これを見てもわかる通り、決してキラキラした現役時代を送ってきたわけではありません。ただ、負けが多かった分、立ち上がった回数も人よりも少し多かったと言えるでしょう。

もちろん、負けたときは大きく落ち込みます。塞ぎ込んでしまい、誰とも話をしたくないと思ったことは1度や2度ではありませんでした。

しかし、いつまでもそのようにはしていられません。次の戦いに向け、再び闘志を燃やし、トレーニングを続ける必要があるからです。

そんな経験を繰り返していくうちに身につけることができたのが、ネガティブになってしまった自分を、毎回ポジティブな思考に持っていく術《すべ》でした。

この本では、「ファイトネス」という運動プログラムをもとにしながら、心と体を元気にする術、前向きに落ち込むことなく、最高のパフォーマンスを発揮する術をご紹介していきます。わたしは２０１５年より、格闘技とフィットネスを融合したトレーニングプログラム「ファイトネス」を企業やビジネスパーソンの方々に向けて提供してきました。これまでファイトネスを導入していただいた企業は１００社を超えています。

なぜこれだけ多くの企業でファイトネスが必要とされているのか。

わたしが現場でビジネスパーソンの方々と触れ合っているうちに気がついたのは、ポジティブな思考を持ちながら行動することができる人がいる一方で、ネガティブな方向に進んでいってしまう人も数多くいるということでした。

前者は、アスリートのメンタリティと共通している部分が非常に多いです。この先も新型コロナウィルスの流行のような、誰も予測できない事態は必ず訪れることでしょう。そのような事態に直面しても、物事を前向きにとらえることができるアスリートのような思考法がとても大切になるのではないかと思います。

進化論を唱えたダーウィンはこう言いました。

「最も強い者が生き残るのではなく、最も賢い者が生き延びるのでもない。唯一生き残ることができるのは、変化できる者である」と。

もし、あなたがいま、ネガティブな思考の持ち主であっても安心してください。人間は必ず変わることができます。

心を折るビジネスエリートたち

最近ではテレワーク一つをとっても、テクノロジーといった優れた技術面が注目されていますが、テクノロジーが進化してもそれを使うのは人間です。

壁や逆境を乗り越えることができる心と体がなければ、どんなに優れた技術も使いこなすことはできません。大切なのは、人間の持っている生命力をいかに発動させることができるかだとわたしは思っています。

その証拠にわたしの周りにいる素晴らしい経営者の方々は、とても前向きな方が多いです。その方たちに共通しているのは、「この試練をどうやったら乗り越えられるか」という、アスリートと同じような思考法を持ち合わせていることです。

そして、驚くことにその思考は見た目にもあらわれます。顔つきや表情は晴れやかで、目はキラキラし、体にやる気が満ち溢れています。あなたの周りにもきっとそのような方がいると思うので、ぜひ探してみてください。そしてそのような人を見れば、心と体が連動していることに気づけるはずです。

とはいえ、電車に乗るビジネスパーソンを見ていると、体が丸まり、視線が落ち、表情が暗い、という身体的な特徴があることにも気づかされます。

その原因の一つに、現代社会の必需品であるパソコンやスマートフォンの利用があるとわたしは思います。これらを長時間使用していると、自然と頭が落ち、肩が内側に丸まり、腰も曲がって猫背になります。その結果、呼吸が浅くなったり、血液の循環が悪くなったりして、結果的に心の状態までも悪くしてしまっている。そう考えると、いまの世の中にうつ症状に悩む人が多くなっているのも、妙に納得できるのではないでしょうか。

わたしはこれまでも、活躍を期待されているビジネスエリートと呼ばれる人たちが心を折ってしまうケースを何度も見てきました。

彼らのように忙しくて時間のない人ほど、パソコンやスマートフォンを長時間活用しています。それらは現代社会では手放すことができない重要なツールですが、一方でわたしたちの心と体に大きな影響を与えているのも事実です。

いくら忙しいからといって、毎日スマートフォンをいじりながら電車に乗って職場に行っているとどうなるでしょうか。**朝から姿勢を崩して通勤し、職場でずっとパソコンの前で作業をし、帰りの電車でもスマートフォンをいじる。これでは心と体は悪循環をエンドレスに繰り返し続けてしまいますよね。**

心と体は連動している。これを最も端的に表しているのが、坐禅です。

坐禅は姿勢を正しくしてあぐらを組み、呼吸を意識することで、心を整えることができると言われています。詳しいことは続く本編でお話ししますが、脳内には、「セロトニン」という神経伝達物質が存在していて、このセロトニンが不足すると、メンタルに不調をきたすと言われています。実は坐禅をして正しく腹式呼吸を行うことにより、脳内のセロトニン神経が活性化して「気分がスッキリする」などの効果が得られるということが様々な研究によりわかっているのです。

つまり、坐禅は、体から入って心を整えているわけです。

わたしは現役時代から、体が資本の仕事をしてきたので、姿勢をはじめ、自身のメンタルコントロールや身体コンディションのきめ細かい部分まで気を使って生活を送ってきました。そのため、自分の心身の状態だけではなく、他人の心身の状態をも客観的に見るクセがあります。

先にも説明したように、ファイトネスでの企業研修や電車の中でなど、様々な場面でビジネスパーソンの方々と接する機会は数多くあります。特にファイトネスで企業を訪問する際は、体も心も悪循環に陥っている人たちと出会うことがとても多いです。

現代の日本社会では常にストレスと隣り合わせの状況ですが、だからこそ、まずは知識として「心と体は連動している」ことを知って欲しいと思います。

心身一如

仏教用語に「心身一如《しんじんいちにょ》」という言葉があります。これは心と体が一体となって物事に集中している様子をあらわしたものです。

このことに則って「座禅」説明すると、姿勢を正して座った状態で精神統一を行う「座禅」は、「座る」という行動を先に取ることで心を整えていく行為。つまり、心と体は連動しているので、体を良い状態にすると自然と心も整っていくというわけです。

人は目の前の相手に対して警戒心があると、無意識に腕を組んだり足を組んだりしてしまいます。これは心に抱く恐怖心が、反応として体にあらわれてしまうからです。

また、何かに対して不安があるときや、気分が暗く落ち込んでいるときは、顔が下を向きます。心がネガティブな状態にあると、体が無意識に反応を起こし、顔の向きや表情にもネガティブな状態があらわれてしまうのです。

もしもあなたの目の前にいる取引先の人が、手足を組んで斜に構えた態度を取っていたらどう感じるでしょうか。

「怒っているのかな」「警戒しているのかな」「自分とは仕事をしたくないのかな」と、ネガティブな印象を持ってしまいませんか？

このような状態では、仕事もうまくいくはずがありません。だからこそ、自分の状態を意識的に変えてあげる必要があります。

商談相手とのコミュニケーションのときには、まずは自らの体を開き、心も開いてあげる。すると、相手とも良いコミュニケーションを取ることができ、良い結果が生まれるはずです。

実はこの教えを、現役の頃から受けていました。わたしが試合直前に、セコンドによく言われていたのが、「大山、視線を上げろ」という言葉でした。

試合前のわたしは、恐怖や不安から、体を丸め視線を下に落としていることが多かったのです。

「目線が上がると心がオンになる、目線が下がると心がオフになる。だから大山、視線は常に上げておけ」ということを、何度も言われました。

毎回のようにその言葉を投げかけてくれていたのは、わたしの中学時代の同級生で、強い柔道家だった故・小斎武志です。

未熟だった当時のわたしは、この言葉の意味をあまり理解できていませんでしたが、ようやくその意味を理解できるようになりました。

だから、わたしが誰かのセコンドについたときには、必ず選手にこの言葉を伝えるようにしています。

心と体、どっちが先か？

これまで「心と体は連動している」ということについてお話ししてきました。では、ここで質問です。「心と体」。みなさんはどちらが先だと思いますか？

もう言うまでもありませんね。座禅の話もそうですし、目線の話もそう。「体が先」なのです。これにはいろんな意見があるかもしれませんが、わたしはそう信じています。

不安や恐怖のような感情は、わたしたちの心に自然と発生してくるもので、それをコントロールすることはできません。「緊張するな！」と言われても、緊張は和らぎませんよね？　だからこそ、体を先に変えるのです。

座禅も、わたしが現役時代に何度も声をかけられた「視線を上げろ」というアドバイスも、**最初に、体の状態をポジティブにし、心の状態もポジティブな方向に向かわせる**ためのものなのです。

つまり、自分の態度や姿勢、表情、言動、振る舞いを変えていくことで、心の状態はコントロールできるということ。

この本ではその術をわたしの経験や、これまで得た知識をフルに活用してお伝えさせていただきたいと思っています。

この本を読み終えたとき、みなさんの顔はきっと上を向き、笑顔になっていることでしょう。そして、どんな困難に直面しても、前を向いて、最高のパフォーマンスを発揮しながら、自分の信じる道を歩いていくことができるようになっているはずです。

それでは前置きが長くなってしまいましたが、さっそく体と心を一気に整える「ファイトネス」を一緒に始めていきましょう！

CONTENTS

第1章 まずは体と心をとらえ直す

第2章

体の動きで心を強くする

CONTENTS

第3章 心を整えパフォーマンスを上げる

CONTENTS

第4章

人に対する反応を意識する

第5章 見えない力を整える

第1章

まずは体と心をとらえ直す

人は体・心・技の順番で整っていく

スポーツやビジネスの世界でよく使われる「心・技・体」という言葉、みなさんも耳にしたことがあるでしょう。人は「心・技・体」の3つがバランスよく整ったときに、最大のパフォーマンスを発揮できるという武道から発祥した教えです。

この3つの要素は、どれか一つが欠けていても、一流とは言えないでしょう。大切なのは、すべての要素がバランス良く調和され充実していることです。では、わたしたちはこの「心・技・体」をどのように整えていくのが良いのでしょうか。

わたしは「心・技・体」を整えるとき、**①体、②心、③技の順で整えていくのが正しいのではないかと**考えています。

なぜ体を先に整えるべきかというと、心よりも体のほうがコントロールしやすく、体を整えると心も整い始めるからです。

また、技だけを磨いても心と体が伴わなければ一流になることができないのは、過去のアスリートたちを見れば明らかでしょう。

それはビジネスの世界でも同様です。

もしあなたが体のコンディションが悪く、心も沈んでいたとします。その状態で誰かとコミュニケーションを取ることを想像してください。

いくらコミュニケーションを円滑にするための言葉をちりばめながら会話をしようとしても、その会話がはずむことはきっとありません。

「ファイトネス」は一見するとただのエクササイズのように見えるかもしれませんが、実は体を動かしながら、「自分とのコミュニケーションを取ること」を大切にしています。

実際に研修プログラムを受けていただくとわかるのですが、わたしは常に**「自分にプラスのストロークを与えましょう」「自分の素直な感情を受け止めてください」「自分が何を感じているかを感じてください」**と、受講している方々に対して、自分との対話を促します。なぜなら、自分とのコミュニケーションがうまくできている人は、他者とのコミュニケーションもうまくできる人だと考えているからです。

以前のわたしは、自分とのコミュニケーションがうまく取れていませんでした。弱い自分、結果を残せない自分が大嫌いで、自分を認めることができませんでした。

それを誰かのせいにし、誰かの悪口を言って、自己嫌悪に陥ります。自分とのコミュニケーションができなかったために、悪循環に陥ってしまっていたのでしょう。

しかし、**自分とのコミュニケーションの重要性を知ってからは、その悪い循環を断ち切ることができました。自分のことを褒められるようになり、過去の自分を受け入れられるようになりました。**

結果として、人とのコミュニケーションが円滑になり、人生が豊かになりました。みなさんも自分の体を整えながら、自分との対話を楽しんでみてください。

まとめ

FIGHTNESS

スポーツもビジネスも大切なのは「心・技・体」。まずは体を整えることから始めてみよう。

体が緩むと心も緩む

トップアスリートたちは、様々なアプローチで自分の体と向き合っています。

試合直後の体のケアはもちろんのこと、日々のトレーニングの前後にストレッチを行ったり、マッサージを受けたり、サウナや温泉に行ったりと、体のケアを欠かすことはありません。なぜ、彼らはそこまで体のケアを入念に行うのでしょうか。

その理由の一つは、心と体の連動をよく理解しているからです。マッサージを受けていたらリラックスして眠くなってくるように、体を癒してあげると同時に心も癒されます。**体を緩ませてあげると、心も緩んできます。体をケアすることによって心もケアできるからこそ、翌日からまたハードなトレーニングを行うことができるのです。**

トップアスリートのようにパフォーマンスを上げるために体と向き合っているビジネスパーソンはごくわずかかもしれません。しかし、どの世界でも活躍すればするほど忙しくなるもの。しかもそのような人は、緊張や疲労で心身を擦り減らしながら頑張っているはずです。緊張の連続や疲労の蓄積は心にも影響し、仕事のパフォーマンスも徐々に下がってしまいます。だからこそ、**自分のパフォーマンスを上げるためにも、日頃から自分の体をケアし、心身をより良い状態に保つ必要がある**のです。

一方で心の緩みが体に悪い影響を及ぼすこともあります。年齢を重ねていくうちに多くの人が感じるのが、お腹が出る、お尻が垂れる、顔のハリがなくなるなどといった体の変化ではないでしょうか。

わたしも引退してから5年が経ち、自分の体に大きな変化を感じていました。不規則な生活や運動不足がたたり、以前の引き締まった体は見る影もなくなっていたのです。鏡に映った体を見ては、自己嫌悪に陥りそうになる日々を送っていたある日のこと、わたしは意を決して食生活の改善を行うことにし、1日1食の生活と筋力トレーニングを再開しました。

するとグングン成果があらわれ、4ヶ月で10キロの減量に成功しました。そして同時に自分の中で大きな変化が生まれたことに気がつきました。「自信」が漲ってきたのです。やはり、体と心は連動しているのです。体が緩んでいたのは、心が緩んでいたからだったのです。

わたしはこうして、ダイエットに成功したのですが、一つだけ注意して欲しいのは、食生活の改善やトレーニングは、ダイエットを目的にしないほうが良いということです。体重が落ちるというのは、あくまでもオマケ。この本でも第2章でエクササイズを紹介しますが、その**エクササイズの目的は、体と心の健康を手に入れ、その状態を保ち続けること**です。そのことをしっかりと頭に刷り込んでおいてください。

なお、わたしのパーソナルトレーニングを受けている人の中には、経営者や優秀なビジネスパーソンがたくさんいます。そのような人たちに共通しているのは、定期的に体を動かして心身の健康を保っているということ。優秀な人ほど、体を動かすことの大切さを知っているのかもしれません。

まとめ

FIGHTNESS

体と心の連動を知り、自分の体をケアすることが日々のパフォーマンスUPにつながる。

丹田を意識して心の落ち着きを再現する

人は緊張すると、僧帽筋という肩の筋肉が上がった状態になってしまったり、呼吸が浅くなってしまったりと、体にいくつかのサインがあらわれます。

わたしも試合直前になると極限状態になった緊張をほぐすために、必ず意識的に深呼吸を行うようにしていました。

少し前に、ロンドン五輪銀メダリストで、全日本選手権を5度制覇した卓球の平野早矢香さんとお話しする機会があったのですが、平野さんも現役時代は、体の感覚を整えて心の状態をコントロールしていたそうです。

彼女の場合は、おへその数センチ下の下腹部あたりにある**「丹田」を意識しながら呼吸を行って心を落ち着かせる**と、足裏の感覚が研ぎ澄まされ、「首がスッと伸びる感覚」を得ることができるというのです。その状態をつくることで「腹が据わった」状態になり、心が整った状態になるということでした。

平野さんは、常人には考えられないほど研ぎ澄まされた体の感覚を用いながら、心の状態を整えていたのでしょう。

この平野さんの話を聞いたとき、わたしも無意識のうちに似たようなルーティンを行っていたことに気がつきました。

わたしは試合の前になると、必ず柔道着を着て帯を締め、「よしっ！」と心にスイッチを入れてから入場していたのですが、帯はまさに「丹田」の位置で締めるのです。わたしにとって柔道着を着るという作業は、自分の心を整えるための重要なルーティンでした。

このようにアスリートは、トップレベルになればなるほど自分なりに体と心の整え方を持っているものなのですが、そもそもなぜアスリートは体を使って心を整えるのでしょうか？

それは、**心を最高の状態に持っていくという、一見するととても難しい作業の再現性を高めるため**です。常に結果を求められるアスリートが、「昨日は良かったけど、今日はダメだった」ということでは、パフォーマンスの安定を欠き、当然トップレベルまで上り詰めていくことはできません。
彼らは**ベストパフォーマンスを出せたときの自分の「感覚」を知り、いつでもそこに持っていくためのルーティンを持っている**のです。

この本を読んでいるあなたも、常に良い心の状態をつくるために、この丹田を意識した深呼吸を取り入れてみてはいかがでしょうか？
はじめは「これでいいのかな？」といった感じでもかまいません。ただ、ゆっくりと深く呼吸をするときに、お腹のおへその下を意識してみてください。そのうちなんとなく、腹の据わった状態を感じられてくるはずです。

まとめ
FIGHTNESS

ベストパフォーマンスを再現するため、丹田を意識してゆっくり深呼吸をしてみよう。

ネガティブな感情はプラスのパワーに

いつでもポジティブでいられることは究極の理想です。ただ現実にはそうもいきません。ネガティブな感情を抱えることがあるのは、むしろ自然のことでしょう。

以前のわたしは、いつも怒りや劣等感、そしてジェラシーを抱えていました。試合に負けたり怪我をしたりする度に「このやろう」「ちくしょう」と、汚い言葉が心の中を飛び交っていました。

しかし、**このようなネガティブな感情も、ときには大きな武器になります。なぜなら、強烈なエネルギーに変換することができる**からです。

現役時代のわたしは、たくさん敗北を喫し、たくさん怪我をしてきました。腕をへし折られたこともありますし、網膜剥離によって引退の危機に直面したこともありました。

その度にわたしは、心の中に渦巻く怒りや劣等感を、「見返してやる」「いまに見てろよ」と、立ち上がるためのエネルギーに変えてきました。

いまのわたしがあるのは、誰よりも「負け」を経験し、その度に立ち上がってきたからであり、それがわたしの唯一無二の個性になったのです。

こうしてわたしは、たくさんの敗北を味わい、ネガティブな感情をプラスのパワーに変えながら自分の個性を見つけることができたのですが、みなさんに注意して欲しいのは、ネガティブな感情は他人に向けないということです。**ネガティブな感情を他人に向けてしまうと、他人を傷つける凶器となってしまう**からです。

ここで昔の話を一つ。

柔道で上を目指していたわたしは、中学2年生のときに単身で上京し、都内にある柔道の私塾に入門しました。その私塾は凄まじい稽古で上下関係も厳しく、特に先輩の命令は絶対でした。1年生が先輩の世話をするのは当たり前ですし、いまの時代では考えられないような理不尽なこともたくさん経験しました。

そして、ようやく苦しい1年が終わり高校2年生になったとき、わたしは先輩という立場を利用して、後輩をいじめてしまったのです。それがきっかけとなり、地元の高校に戻って一から出直すことになりました。

しかし地元でも、また同じ過ちを犯してしまいます。そこでもまたいじめを繰り返したのです。

全国レベルの強者たちが集まっていた柔道の私塾の中では一番弱かったわたしですが、地元に戻ると一番強い存在となりました。

そこで「自分は強い」と勘違いをしたわたしは、他の部員に対して威張り散らし、またしても後輩をいじめてしまったわけです。


そのような心の状態は、すぐに体にあらわれました。

怪我が多発するようになり、自分の持っている力すら発揮できなくなりました。

県内の大会でも勝ちから見放されるようになりました。

そして、高校生活最後の大会。練習ではわたしよりはるかに弱かった選手が県大会で優勝してインターハイに出場することが決まりました。

そのときの心境はいまも忘れられません。当時のわたしは、ネガティブな感情を向ける方向を完全に間違っていたのです。

人は、感情を持った生き物です。

その感情に蓋をすることはできません。

特に**ネガティブな感情が持つエネルギーは、とても強烈です。そのエネルギーを正しい方向に向けて使うことができれば、人生が豊かになります。**

みなさんもこの本を通して、ポジティブな方向にエネルギーを変換できるようになっていただけるとうれしいです。

まとめ
FIGHT NESS

怒りや嫉妬、劣等感といったネガティブな感情は自分の人生を歩むエネルギーに変換すること。

欲を追えば心は疲れる

誰かが持っているものを見て、それを「欲しい！」と思ってしまった経験は、誰にでもあると思います。もちろん、わたしにもあります。

仲良くさせていただいている経営者の方の中には、年商何百億円という会社を経営している方もいますし、想像もできないような資産を持っている方もいます。

高級車を何台も所有し、豪邸で生活している姿を見て、「憧れを抱かなかった」と言えば嘘になります。以前のわたしであれば、そこで劣等感やジェラシーを強く感じていたことでしょう。

しかし、現在のわたしは少し違います。わたしは高級車どころか、車を1台も所有していません。そもそもわたしは車の運転が好きではありませんので、仮にフェラーリのような高級車を所有したところできっと乗らないでしょう。

いまでは「わたしに車が必要かな」と考えて、車は必要ではないと気づくことができるようになりました。

こうして、**一つひとつ自分にとって必要なものが何かを問いただしてみると、実はいまでも十分に幸せなんだということに気づくことができます。**

わたしは、毎日好きな人たちと会い、笑顔に囲まれ、妻のおいしい料理を食べることができるいまが、とても幸せなのです。

競泳日本代表として、２０１２年ロンドンオリンピックに出場した加藤和《いずみ》さんも、インタビュー記事で同じようなことを言っていました。

彼女は競泳生活を終えてからは、ネイリストの仕事を行っていたことがありました。周囲には「それでいいの？」と言う人もいたそうですが、彼女は「好きなことをやれているいまが幸せです」と断言していました。

わたしは、それが正解だと思います。**周りが何と言おうと、「いま自分は幸せ」と思えれば、それは成功と言える**のではないでしょうか。

競争原理がはたらくいまの社会では、自分と他人を比較してしまうことはいくらでもあります。

特に地位や名誉、お金を基準に誰かと比較すると、どんどん自分が苦しくなって疲弊してしまうでしょう。

人間の欲はエンドレスだから、それらを求め出すと、いつまでも終わりがないのです。みなさんも、いま一度、自分にとって必要な幸せを考え直してみると良いでしょう。きっと、いまでも十分に幸せであることに気づくことができるはずです。

まとめ

FIGHT NESS

何が幸せなのかは、人それぞれ違うはず。欲を追うのではなく、自分にとって必要な幸せを探そう。

自分を責めるから相手を責める

以前のわたしは、人に対してとても厳しく接していました。後輩をいじめてしまった時期もありましたし、ライバルとなる選手たちは、みんな敵だと思って戦っていました。なぜ、そのように相手を責めてしまっていたのかを振り返ると、思い当たることがあります。それは、**自分自身を責めていた**ということです。

「俺はこんなにダメなんだ」と、結果が出ない自分をいつも責めていました。うまくいかないことがある度に自分の中に芽生えてくるネガティブな感情を、悪口や嫌がらせという形に変換して、第三者に向けていたのです。すると、さらに自分のことが信頼できなくなってしまいます。

こうして、どんどん自分のことが嫌いになっていきました。そのようなときは、決まって怪我が多く、思うような結果を残すこともできませんでした。まさに、心と体が連動していることが顕著にあらわれていた例だと思います。

そんなわたしが、なんとか自分を変えようと引退後に本格的に取り組んだのが、**「自**

己対話」（詳しくは144ページを参照）を繰り返すことでした。引退してからも、ときどきネガティブな感情に襲われることはありましたが、**自己対話を習慣化することにより、わたしは様々な出来事をポジティブにとらえることができるようになりました。**その甲斐あってか、以前のわたしを知る人からは、「表情が変わったね」と言ってもらうことが増えました。人は何歳になっても、上手に自己対話を行えば、心も体も変えることができるということを、身をもって体験することができました。

人は生きている限り、ストレスから逃れることはできません。しかし、筋肉の成長には負荷が必要なように、人の成長にとってストレスは絶対に必要なもの。**ストレスやネガティブな感情を感じたときこそ、自己対話を上手に行い、自分自身の成長につなげましょう。**

まとめ
FIGHTNESS

ストレスやネガティブな感情は、成長の源。自己対話を繰り返し、自分自身を信頼しよう。

憧れとネガティブは両輪の関係

何もかもが順調な人生を送ることができる人は、誰一人としていないでしょう。

どんな人も、苦しいこと、辛いことを経験し、それを乗り越えていかなければなりません。

どんな一流のアスリートでも、光り輝く表舞台へ立つまでには必ず大きな壁や挫折を経験しています。そして何度も乗り越えながら頂点を目指すのです。

わたしもこれまで様々な挫折を味わいましたが、その度に立ち上がって、ここまでやってきました。

わたしが人よりも多くの挫折を経験しながらも、その度に立ち上がることができたのには2つの理由があります。

一つは**「憧れ」の存在**です。

わたしは幼少の頃、ウルトラマンの強さに本気で憧れていました。ウルトラマンのように強くなるために5歳のときに始めたのが柔道でした。小学生になると今度はアントニオ猪木さんの強さに憧れ、柔道にのめり込むようになった中学生からは、豪快な一本背負いで「平成の三四郎」と呼ばれた五輪金メダリストの古賀稔彦さんに憧れました。さらにわたしが格闘家の道へ進むきっかけとなったのは、当時PRIDEで活躍していた桜庭和志さんとの出会いでした。

いつも憧れの人の背中を追いかけてきたからこそ、何度も自分を奮い立たせることができたように思います。

こうして振り返ると**憧れの存在は、「なりたい自分になるための道しるべ」**と言い換えることができるのではないでしょうか。

そしてもう一つは、**「劣等感」**です。

これまでも何度かお話してきたように、現役時代のわたしは劣等感の塊でした。自己否定や嫉妬・妬みといった感情をいつも心の中に抱えていたように思います。決して綺麗な感情ではないかもしれませんが、これも人が持つ大切な感情です。

このネガティブな感情を持つことができたおかげで、「次こそは絶対に勝ってやる」「次

こそは絶対にあいつを見返してやる」という未来へのエネルギーにすることができました。

ネガティブな感情も、自分の成長のためには必要なものなのです。

では、そもそも人はなぜネガティブな感情を持つのでしょうか？

それは、**「理想の自分」と「いまの自分」にギャップ**があるからだとわたしは思います。ウルトラマンのように強くなりたいのに、ウルトラマンのようには強くない。「認めてもらいたい」のに認めてもらえない。そんな理想と現実のギャップがあるからこそ生まれる感情だと思うのです。

ネガティブな感情は筋トレと一緒で、負荷が強すぎるとダメージを負ってしまいます。つまり、**必要以上にネガティブな感情を受け入れることは好ましくないですが、ネガティブな感情から逃げるのも良くない**ということです。

ポジティブな感情もネガティブな感情も、すべてがわたしたちにとって必要なパワーとなります。

一見、不必要だと思える感情も、逆境や困難を乗り越えるために必要なものなのです。この事実を知っているだけで、人生に起きる様々な出来事に対して、とらえ方を変えることができます。

「憧れ」と「劣等感」は、人生の両輪。その両輪さえあれば、倒れても何度でも立ち上がることができます。

人生で大切なのは、勝ち続けることではなく、何度でも立ち上がることなのです。

まとめ

FIGHTNESS

憧れと劣等感の両輪で人は何度でも立ち上がれる。

ネガティブな感情は
プラスのパワーに!!

第2章

体の動きで心を強くする

前向きな体と心をつくる 大山式エクササイズ

わたしは、晴れた日に空を見上げるのが大好きです。澄み渡った青空を見ると、背筋がスッと伸び、心も晴れやかになります。それどころか体も軽やかになったように感じ、体を動かしたくなってきます。反対に、仕事がうまくいかないときは、背筋が丸まり、心も沈みがちです。そんなときは体も重く、何もやる気が起きません。

みなさんもそのような経験はありませんか？　**人は五感から入ってくる情報を脳で判断して、心と体の状態をつくっています。**だから青空を見上げると晴れやかな気持ちになるし、仕事に失敗すれば心もどんよりと雲ってしまうのです。

最近、**「フィジオロジー」**という言葉をよく聞きます。これは、直訳すると「生理学」という意味のようですが、メンタルコーチングの世界では、体を使って心の状態をコントロールすることという意味で使われているようです。

振り返ってみれば、現役時代のわたしは、負ける度に落ち込み、自暴自棄になっていました。しかし、それでも次に向かうことができたのは、トレーニングがあったからでした。負けて落ち込んでいたときも、体を動かしながら、次の試合に向かう心をつくっていたのです。そのことに気づいたわたしは**「もしかしたら、脳を勘違いさせれば、前向きな心と体をつくることができるのではないか」**と考えるようになりました。こうしてたどり着いたのが、**「大山式エクササイズ」**でこれには、3つの特徴があります。

1つ目は、**心を前向きにするための動作**をふんだんに取り入れていること。

2つ目は、**筋肉をしっかり伸縮させ刺激を与える動き**を取り入れていること。

3つ目が、**負荷をかけるポイントをしっかり意識**したエクササイズだということ。

もしかしたらキツイと感じることもあるかもしれませんが、それは筋肉が喜んでいる証拠。大山式エクササイズを楽しみながら、前向きな心と強い体を手に入れましょう。

まとめ
FIGHT NESS

体の使い方で心の状態をコントロールする「大山式エクササイズ」。

血流を良くする**運動で**ストレス対策

運動によって気分がスカッとした経験は誰もがお持ちなのではないかと思いますが、それはなぜでしょうか？

実は運動によって気分が晴れるのには理由があります。**運動をするとストレス解消に良いとされる脳内ホルモンが分泌される**ためです。

その一つが**「セロトニン」**という神経伝達物質です。

このセロトニンは別名**「幸せホルモン」**と呼ばれており、精神を安定させる働きのほか、寝起きを良くしたり、起きているときに脳をスッキリさせたり、痛みの感覚を抑制させたりと、様々な効果があると言われています。

逆に、強いストレスを受け続けると、これらのホルモンの分泌量が減ってしまい、メンタル不調の原因にもなり得ると言われています。

人は何らかのストレスに晒されて生きていますが、特に厳しいビジネスの世界で過ごしていれば、心身を擦り減らすような辛い思いをすることもあるでしょう。

だからこそ、**しっかりと体を動かし、ストレスへの対策を行うことが重要**なのです。

しかし現実には、仕事量も多く、なかなか運動する時間をつくることができないのかもしれません。そこでオススメなのが、自宅でもできる筋トレです。

筋トレを行うと、筋肉がポンプのような役割を果たし、血管へ血を送り出す力が強くなります。そして**血流が良くなるとセロトニンなどの脳内の神経伝達物質が活性化し、晴れやかな気分になることができる**のです。

まとめ

FIGHTNESS

運動が血流をアップさせ幸せホルモンの分泌を促す。

気持ちが沈んでいるときは自分の体の状態をチェック

「大山さんは、なぜいつもそんなに明るく元気なんですか?」

これはわたしが引退してからこれまで、何度も受けてきた質問です。なかにはわたしが生まれつき天真爛漫で明るい性格だと思い込んでいる方もいらっしゃるようなのですが、幼い頃は決して明るい性格ではなく、むしろ、一人で遊んでいるような暗い性格の子どもでした。それに、わたしも人間ですから嫌な気分になることもあります。もちろん落ち込むことだってたくさんあります。では、なぜいつも明るく振る舞うことができるようになったのでしょうか。

それは、明るく振る舞うための術《すべ》を身につけたからなのです。ここでは、みなさんにその方法をお伝えしましょう。

わたしは、自分の気持ちが落ち込んでいると感じたときは、必ず自分の体の状態を観察することにしています。**心が落ち込んでいるときは、体にもネガティブなサインがあらわれている**からです。さらに、わたしはこれまでの挫折経験から、心の状態だけを無理やりポジティブに変えるのは非常に難しいということを知っています。だから**体の状態をチェックし、次に体の状態をポジティブな状態に変えて、心に変化を与える**ようにしています。方法はいたって簡単。たった3つのポイントをチェックして修正するだけですので、ぜひ覚えてくださいね。

普段の自分の状態をチェックするのは難しいかもしれませんので、友人やご家族などにこっそりと写真を撮ってもらうなどしてチェックしてみるのもいいでしょう。

●チェックポイント①　視線が下がっていないか

人は悩みがあると自分の内面と対話を繰り返します。そのようなとき、**人の目線は左下を向くことが多い**ということがわかっています。

「目は口ほどにものを言う」ということわざがあるように心の状態は目にあらわれやすいので、まずは目線が下を向いていないかをチェックしてみましょう。

目線を上げることを意識すると、自然と上体を起こすことができます。そして、姿勢が良くなると呼吸も深くなり、より多くの酸素を脳に届けることができるようになります。

また、**目線を上げることによって視界が開けるため、いつもは気づかなかったものに気づくなど、多くの情報が目に入ってくるようになります。**

そうすることで脳に刺激が与えられ、脳を活性化させることができるので、より前向きでポジティブな気持ちになることでしょう。

人は情報の90パーセント以上を目から得ていると言われています。目にどんな情報を入れるかによって、あなたの情報量が大きく変わり、人生がより豊かになるというわけです。

●チェックポイント② 背筋は丸まっていないか

スマートフォンやパソコンに触れる機会が多くなったため、背筋が丸まり、肩が内側に巻いてしまっている人が増えています。また、緊張して僧帽筋という肩の筋肉が上がっている方もよく見かけます。試合前の格闘家はこのような状態になってしまうことがよくあるのですが、大切な社内プレゼンや、重要な取引先との商談を控えているビジネスパーソンも、同じような状態になっていることが多いです。

このように**「肩に力が入っている」と体がロックされてしまい、思ったように口や体を動かすことはできません。仕事中などに一瞬だけでも我に立ち返って自分の姿勢をチェックしてみると良いでしょう。**

もし背筋が丸まっているなと思ったら、胸を張るように意識してみましょう。アメリカのある大学の研究結果では、胸を張ると男性ホルモンの一つであるテストステロンの値が上昇して自信が漲り、ストレスホルモンのコルチゾールが低下するため、不安感が軽減されることがわかっているそうです。

●チェックポイント③　呼吸は浅くなっていないか

目線が下がり、背中が丸まっていたり、肩に力が入っていたりすると、肺が圧迫され、きちんと横隔膜を上下させた深い呼吸が行えない状態になってしまいます。

そのようなときは、口から大きく息を吐き、次に鼻から息を吸うことを繰り返してみてください。ポイントは、最初にできるだけ大きく長く吐くこと。吸うときはできるだけ胸を開き、空気をたくさん取り入れるようにしてください。それを3～4回繰り返します。息とは自らの心と書きます。呼吸と心がつながっていることも意識してみましょう。

③ 深呼吸をする

口から大きく息を吐き、鼻から息を吸うことを繰り返して横隔膜を上下させ、目線が下がり背筋が丸まった状態を解く

目線が下がり肩が内側に巻いた状態から

胸を開き空気を多く取り入れるよう意識する

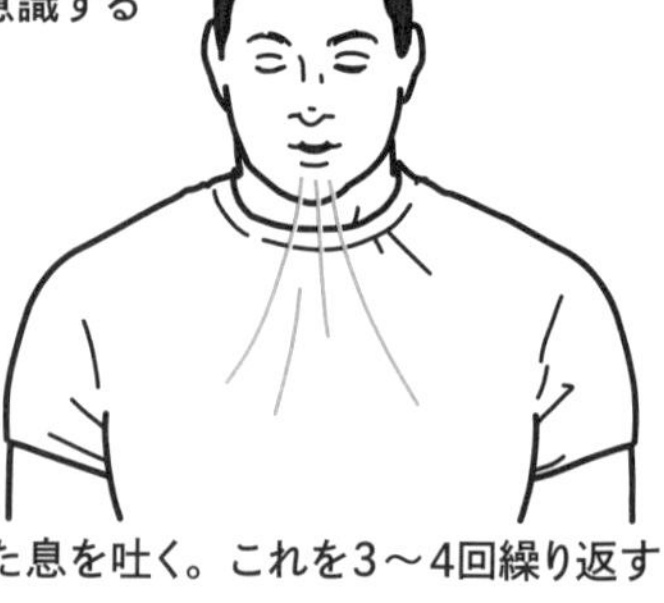

また息を吐く。これを3〜4回繰り返す

心を上向きにする動作

目線が下がり肩が内側に巻いた状態から

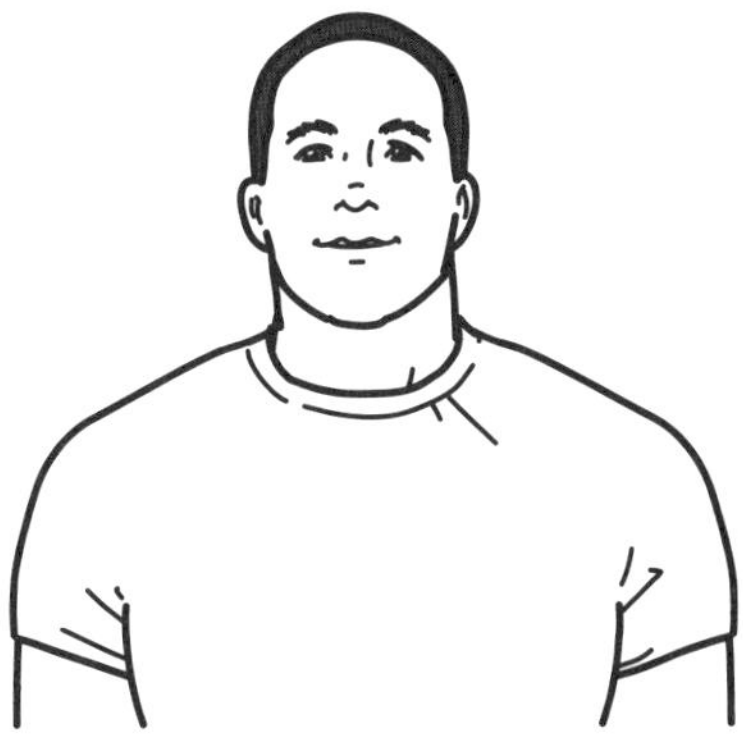

目線を上げて胸を大きく張るようにする

① 目線を上げる

目線を上げて多くの情報を入れることで脳に刺激を与え、活性化させることで、より前向きでポジティブな気持ちになる

② 胸を張る

背筋が丸まり、肩が内側に巻いてしまっている場合は胸を張るように意識する。自信が漲り、不安が軽減される

大股で歩く

「自信に満ち溢れた自分と、自信のない自分、あなたはどちらになりたいですか？」

こう聞かれてほとんどの人が「自信に満ち溢れた自分」と答えると思います。

なぜこのような質問をしたか。それは、**まずはあなた自身が、「自信に満ち溢れた人になりたい」と思うことが一番大切**だからです。

そう思うことができたら、あとはそれほど難しくありません。**自信に満ち溢れた自分を演じるのです。**「役者じゃないんだから、演じることなんてできないよ」と思った方もいるかもしれませんが、本当に簡単なんです。なにせ、**歩くときに大股で歩くように心がけるだけでいい**のですから。

歩くときのポイントは、背筋を伸ばし、歩幅を大きく取って、かかとから着地すること。これさえできていれば体を大きく使うことができるため、自信に満ち溢れている印象を与えることができます。簡単ですよね。しかも、大殿筋というお尻の筋肉を使うことができるので、ヒップアップまでできてしまうというオマケつき。きっといままでよりも若々しい印象を持ってもらえるようになるでしょう。

実は、若々しくなるというのにも、理由があります。**下半身の筋肉を使うと、マイオカインというホルモンが分泌される**のですが、マイオカインは、筋肉の若返りはもちろん、血糖値の低下、脂肪の分解が促され、若返りに効果があると言われているのです。

大股で歩くことは本当に良いことだらけなので、ぜひ試してみてください。

心を上向きにする動作

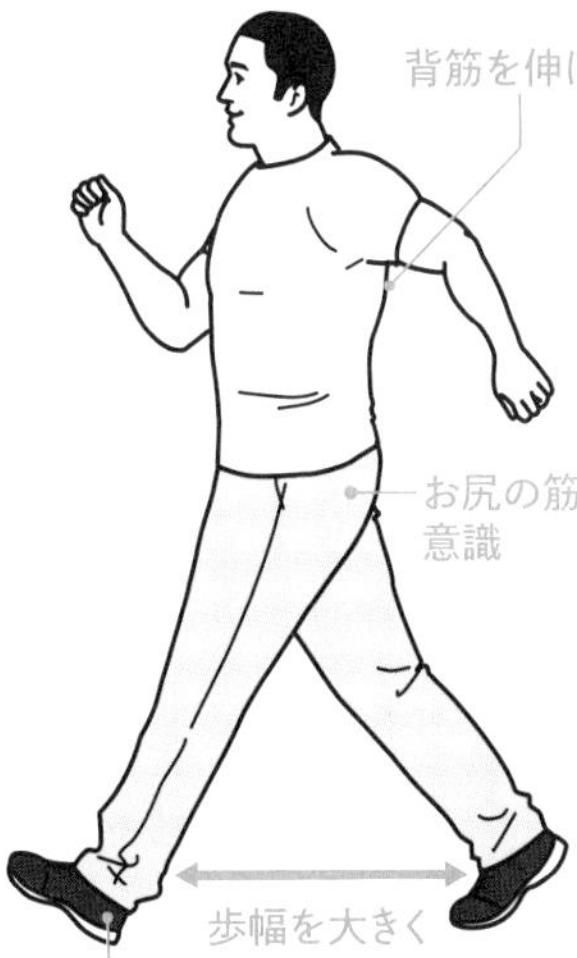
背筋を伸ばす
お尻の筋肉を意識
歩幅を大きく
かかとから着地する

ポイントは大殿筋を意識すること。下半身の筋肉使ってヒップアップと若返りホルモンと言われるマイオカインの分泌を促す

心を軽くする動き

上を見上げ口角を上げる

わたしが現役時代から行っているルーティンの一つに、**「口角を上げる」**というものがあります。現役時代のわたしは、試合前になると必ず鏡の前に立って、口角を上げていました。いまでも良い結果を出したいときは、口角を上げるようにしています。さすがに人にはあまり見られたくないので、こっそりとやっていますが。

たとえば、わたしは人と人を引き合わせることが趣味でよく食事会を開くのですが、「みんな喜んでくれるかな」「会が盛り上がるかな」と想像しているといつも緊張してしまいます。

周りにいる大切な人たちが、忙しいにもかかわらず時間をつくって集まってくれていることを考えると、どうしても楽しんでもらいたくなって緊張してしまうのでしょう。

でも、主催者であるわたしがそのような状態でみなさんの前に出てしまうと、それが伝わり、場の雰囲気にも影響してしまいます。そんなときに、必ず行っているルーティンが口角を上げることです。

ポイントは、**口角を上げると同時に、上を見上げながら両手を広げ、さらに「予祝」をすること**。「予祝」というのは、172ページで詳しくお話ししますが、楽しい未来を頭の中で想像して、予《あらかじ》め祝ってしまうこと。このルーティンを行うと緊張がほぐれ、とても前向きな気分になります。

笑顔で上を見上げる

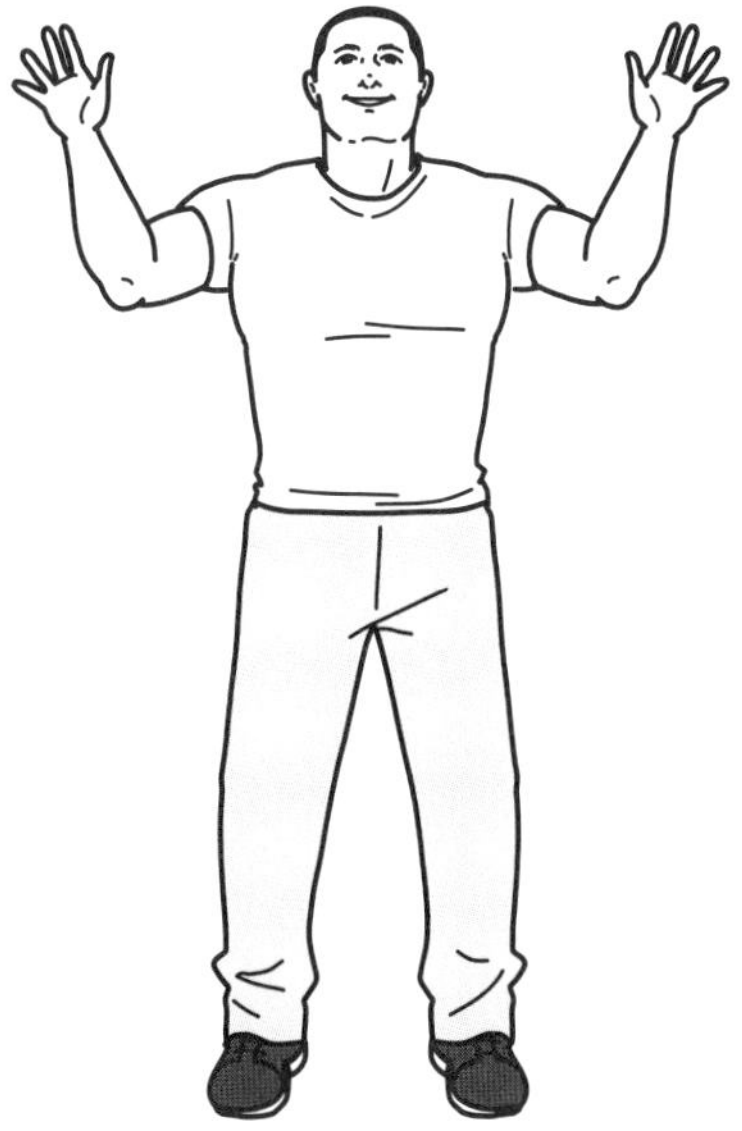

良い結果を出したいときほど、笑顔をつくり口角を上げると同時に、上を見上げながら両手を広げ成功をイメージする

隙間時間の筋トレで脳を活性化させる

筋トレには「脳に空白をつくり活性化させる」という効果もあります。

たとえば何か企画を考えようとして、一生懸命にアイデアをひねり出そうと思っても、すぐアイデアが思い浮かぶことは少なく、たいていの場合は、少し時間が経った頃に急にアイデアが降りてくるものです。それはお風呂に入っているときかもしれませんし、ソファーに座ってぼーっとしているときかもしれません。いずれにせよ、**脳はリラックスしていて、考え事をあまりしていないとき**です。時間が経ってからアイデアが降りてくるのは、**脳が空白の時間を使って活性化する**からなのです。

わたしのトレーニングを受けてくださる方の中には、経営者や優秀なビジネスパーソンの方がとても多いです。それは、みなさんが筋トレやエクササイズが好きだということもあると思いますが、**体を動かすことにより、脳に空白が生まれ、それがビジネスに良い影響を与えるということを本能的にわかっているから**なのかもしれません。

また、経営者や優秀なビジネスパーソンの方には、ある特徴があります。それは**習慣化するのがとても上手**だということです。仕事ができる人というのは、筋トレを自分の生活の中に組み込んでルーティンにしています。なぜなら優秀な人たちは、先のようなことから筋トレが自分の仕事の効率を上げてくれることを肌で感じているからです。

ただ、そのような方も、始めは「大山さんの筋トレについていける人は、若い頃に運動をやっていた人とか、体をもともと鍛えていた人だけでしょ？」などと言います。

でも、そんなことはありません。わたしも引退後は、隙間時間に筋トレをやっているだけです。予定の合間の**隙間時間である5～10分に集中して行うだけで、脳は活性化し、体にも良い刺激を与えることができる**と考えています。

これまで「忙しくて筋トレをする時間が取れない」と言っていた方も、これから説明するエクササイズを生活の中に取り入れてみてください。きっと5分でも体と心は劇的に変わるということを実感できるはずです。

まとめ
FIGHTNESS

隙間時間のエクササイズをルーティン化し、脳に空白の時間をつくり、活性化させてみよう！

筋トレはマインドフルネスだ！

わたしたちは、「いま」という瞬間を生きています。

しかし実際には、過去や未来のことを考えてしまい、「心ここにあらず」の状態で過ごしていることが多いのではないでしょうか？　特に、常にスマートフォンが手元にあり、いつでもインターネットとつながっている現代社会では、絶えず情報に触れているため、わたしたちの意識が「いま」に置かれていることは非常に少なくなりました。このような**「心ここにあらず」の状態から抜け出し、心を「いま」に向けた状態のことを「マインドフルネス」と言います。**マインドフルネスの先生に聞いたところによると、「いま」に意識を置くことができると、幸福感を高めることができるそうです。

マインドフルネスの世界では、瞑想や座禅などで「いま」に意識を向けるのですが、実はこの**「マインドフルネス」の状態をつくるのに有効なのが筋トレ**なのです。

わたしは筋トレ以外にはこれといった趣味がありませんが、筋トレをしているときは一つのことに集中できます。なぜなら**筋トレは、鍛えたい筋肉に意識を集中しながら行うから**です。筋トレをしているときに「明日の仕事、嫌だな」と思うことはありません。鍛えたい筋肉に集中し、「この短い時間を使って、いかに効率的に筋肉に負荷を与えてあげるか」を考えています。つまり、わたしにとって筋トレという作業自体が、マインドフルネスだったのです。

こう考えると、わたし自身が筋トレを好きな理由もなんとなく理解できた気がしました。**「筋トレが終わった後に心が満たされるのは、いまに集中しているからなんだ」**と、筋トレの魅力が「ストン」と腑に落ちたのです。

人生の幸福度を高めるためにも、筋トレはとても有効です。これから紹介する「大山式エクササイズ」では、普段からマインドフルネスを感じてもらえるように、できるだけ簡単なものを紹介しています。手軽に楽しく、そして長く続けてもらえるように工夫していますので、ぜひマスターして豊かな人生を味わってください。

まとめ
FIGHTNESS

筋トレでいまに意識を集中できれば人生の幸福度が高まる。

胸に効かせる腕立て伏せ

筋トレの代表格「腕立て伏せ」。やり方がまったく想像できないという方は、あまりいないと思います。でも、正しいフォームで行っている方はほとんどいません。

まず、みなさんに知ってもらいたいのは腕立て伏せの目的です。腕立て伏せで強化したいのは、胸の筋肉（大胸筋）。そのため、腕立て伏せでは大胸筋を意識しながら大きく収縮させ、**何よりも大胸筋に効いていることを感じることが大切**です。

そこでポイントとなるのが、手を置く位置。これを誤ると違う筋肉（主に上腕三頭筋）へ負荷が分散してしまうため、ラクなトレーニングになってしまいます。**人間は無意識に辛いことを避けようとするので、体の使い方が上手な人ほど、体全体で腕立て伏せを行ってしまい、結果的には、回数に目的意識が向かいがち**です。

筋トレもビジネスと同じで、目的を見失わないことがとても重要です。正しいやり方で腕立て伏せを行えば、人によってはたったの5回でも十分な効果が得られます。決して「回数の問題ではない」ということをぜひ実感してみてください。

膝つき腕立て伏せ

横から見て肩の下に
手がくるようにセットする

① 手を置く位置は肩幅より広く。膝は立て、そのまま上半身全体をゆっくり下ろしていく

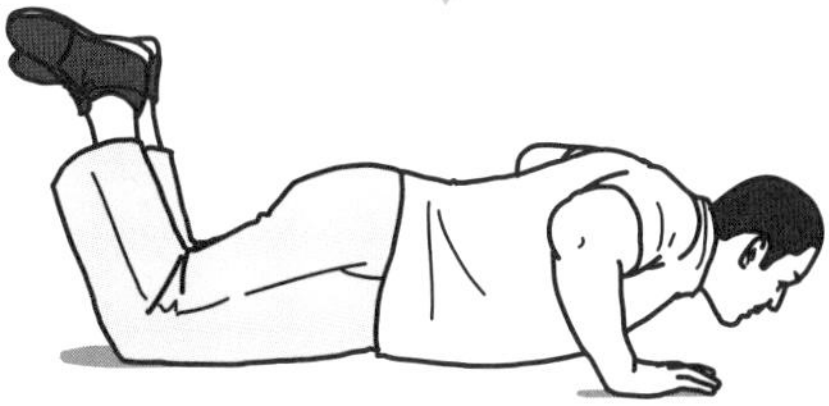

② 大胸筋がしっかり伸びたところでストップ。大胸筋のストレッチを感じながら2秒キープ。そのままゆっくり上体を上げる

POINT
手の広さは肩幅より、手のひら一個分外側に置く意識で

自分が無理
なくできる
回数で行う

肩幅より広く

基本エクササイズ

腕立て伏せの効果を高める合掌ポーズ

腕立て伏せの正しいやり方はマスターできましたか？

先ほどもお伝えしたように、人の体は無意識に辛いことを避けてしまいます。ですので、ここでは**強制的に筋肉に負荷をかけ、腕立て伏せの効率を高めるテクニック**をご紹介しておきましょう。

筋トレには、**「事前疲労法」**というテクニックがあります。これは、ターゲットにした筋肉のみを使う運動を行うことにより、あらかじめ事前に鍛えたい筋肉を疲労させておくという方法です。腕立て伏せは大胸筋を強化するエクササイズですので、そこを事前に疲労させておきます。やり方は左図を見ていただければわかるようにいたって簡単なので、時間がないビジネスパーソンには特にオススメです。

短時間で効率的に腕立て伏せの効果を高めたいという人は、事前にこの「合唱ポーズ」を取り入れてみてください。

合掌ポーズ

①胸を張りながら、左右の手のひらを胸の前で合わせ押し合うようにぎゅーっと力を入れる

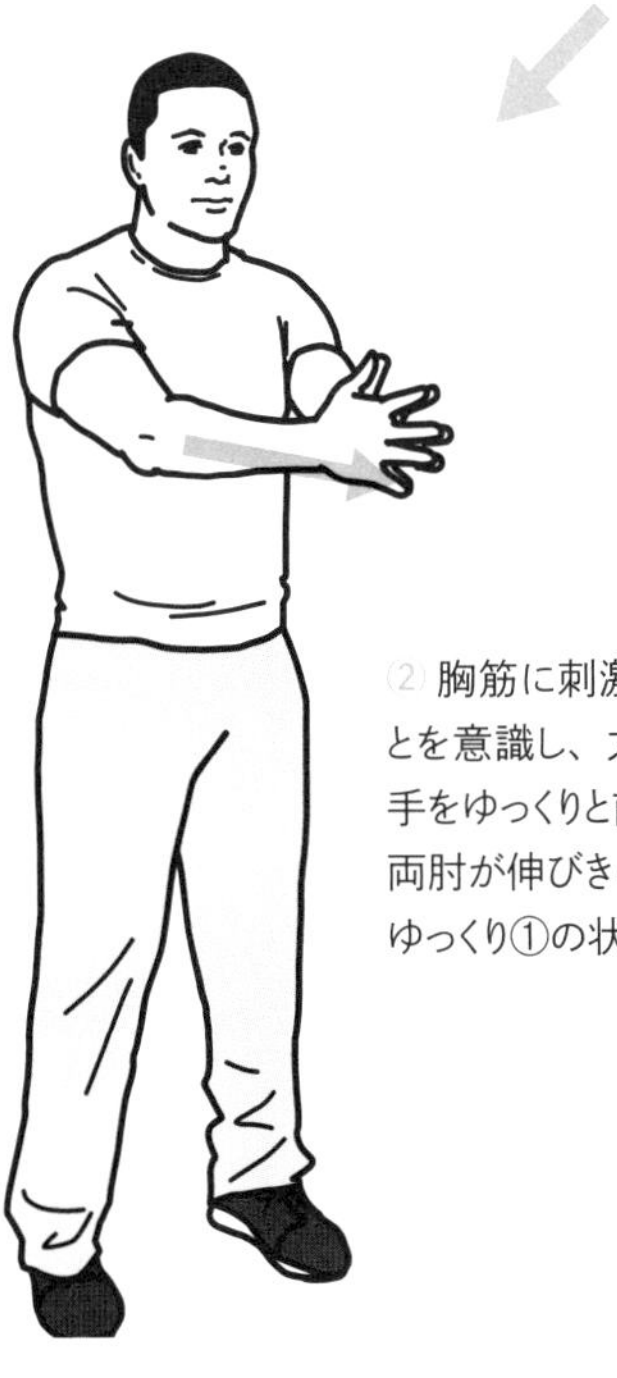

②胸筋に刺激が入っていることを意識し、力を入れながら、手をゆっくりと前方に押し出す。両肘が伸びきる少し前で止め、ゆっくり①の状態まで戻す

①と②を
10回ほど
繰り返す

基本エクササイズ

お腹をぎゅっと縮めて腹筋

腕立て伏せと並ぶ筋トレの代表格「腹筋」。綺麗に割れた腹筋に憧れを抱き、生活に取り入れたことがある方も多いのではないでしょうか。しかし腹筋も腕立て伏せと同様に、正しいやり方で行っている方はあまりいません。

正しい腹筋のやり方は、2つのポイントを押さえるだけです。

一つ目のポイントは、上体を引き上げたときにあります。**体を引き上げると腹筋はギュッと縮まりますが、そこでしっかりと止まるようにしてください。**

そして2つ目のポイントは、**筋肉を途中で緩めず、ゆっくりと元の体勢に戻ること。**筋肉に負荷を与え続けるためには、筋肉の緊張を保ち続けることが大切なのです。

この2つのポイントをしっかり押さえていれば、腹筋はたったの5回でも絶大な効果を得ることが可能です。

大切なのは、筋肉に負荷を与え、筋肉を喜ばせてあげることなのです。

お腹を縮める腹筋

① かかとを上げて膝を90度に曲げる。手は頭の後ろへ軽く添え、首を少し上げ、筋肉が緊張している状態をつくる

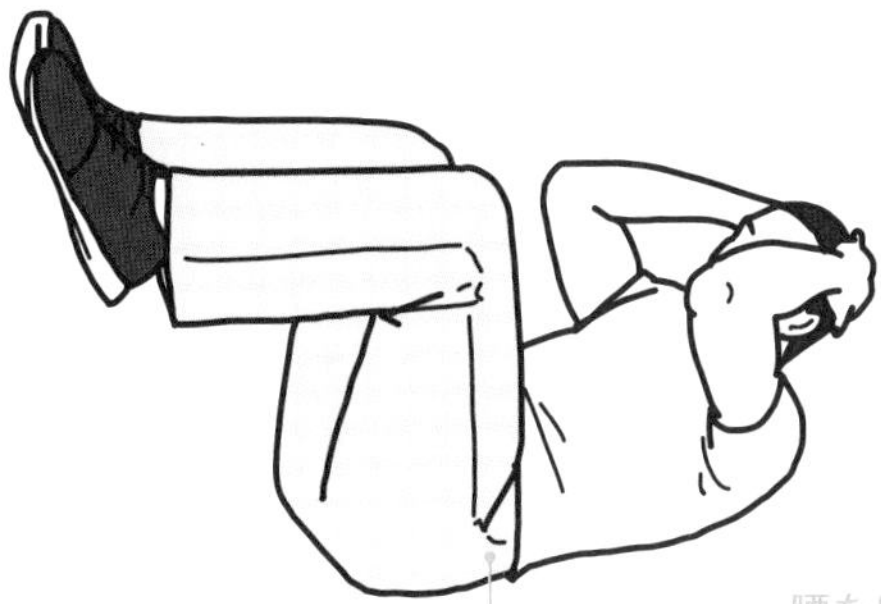

腰をしっかりと
床に押しつけ、
隙間をつくらない

② 肘が太ももに当たるところまで上体をおこす。腹筋がぎゅっと縮まっていることを意識しながら、2秒キープ。ゆっくり①の体勢に戻る

①と②を
5〜10回
繰り返す

基本エクササイズ

ネガティブ動作を意識して腹筋

筋トレはポジティブ動作とネガティブ動作という2つの動作の組み合わせで行われています。筋肉を縮めるのが「ポジティブ動作」で、筋肉を伸ばすのが「ネガティブ動作」です。たとえば、手でバーベルを持ち上げるのが**「ポジティブ動作」**、下げるのが**「ネガティブ動作」**ということです。

では、ポジティブ動作とネガティブ動作は、どちらが重要なのでしょうか。

多くの方は、ポジティブ動作のほうが重要だと答えるのではないでしょうか。持ち上げる動きのときのほうが、グッと筋肉を使っているように感じるので、そう思う方が多くても不思議ではありません。でも、実はその逆。**ネガティブ動作のほうが筋肉への負荷は高い**のです。

左図で紹介するのは**腹筋の中でも、ネガティブ動作を強く意識した腹筋**です。通常の腹筋よりも少しキツイと感じるかもしれませんが、キツイからこその筋トレだと思ってチャレンジしてみてください。

足を上げ下げして腹筋

① かかとを天井に向ける。首は持ち上げて腹筋を締めるような意識で

腰をしっかりと
床に押しつけ、
隙間をつくらない

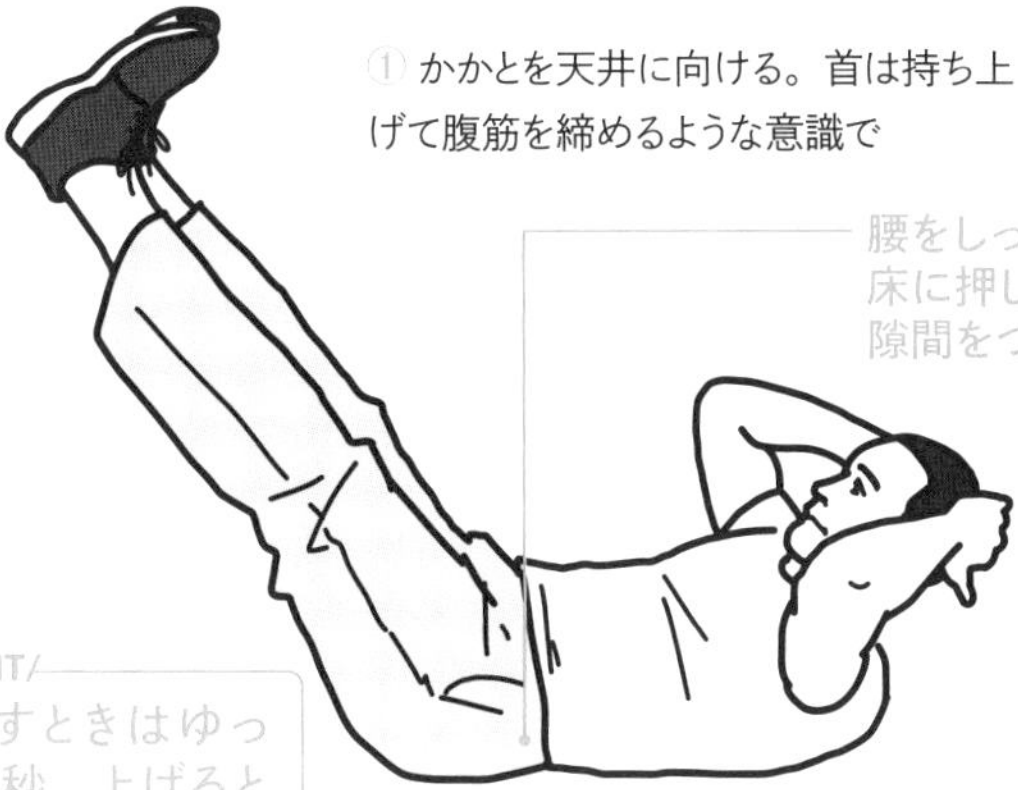

POINT
下ろすときはゆっくり3秒、上げるときは1秒で

①と②を
5〜10回
繰り返す

② 足を伸ばしたまま、ゆっくりと下げ、かかとが床に着く直前でストップ。その体勢を2秒キープした後、ゆっくり①の体勢に戻る

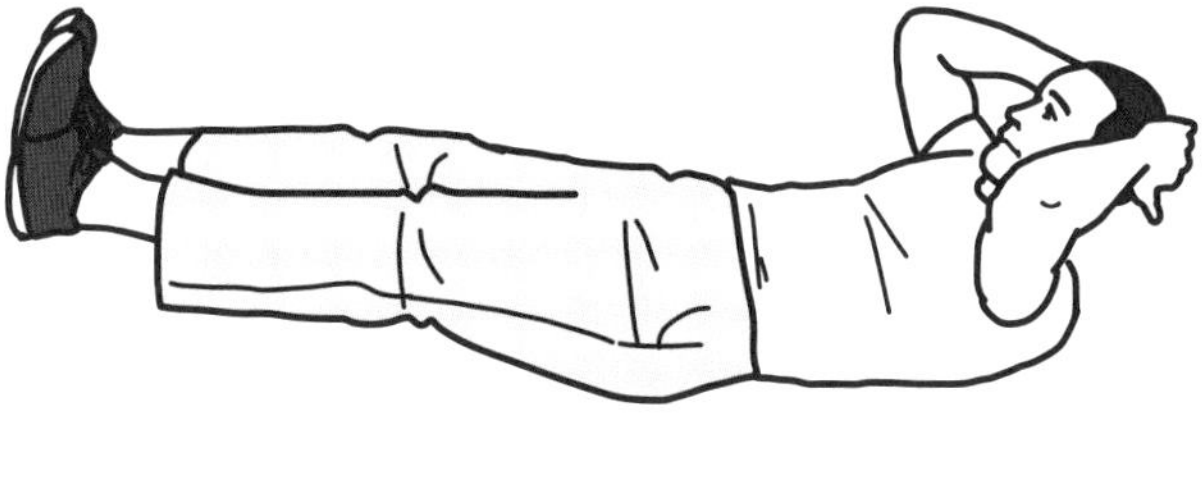

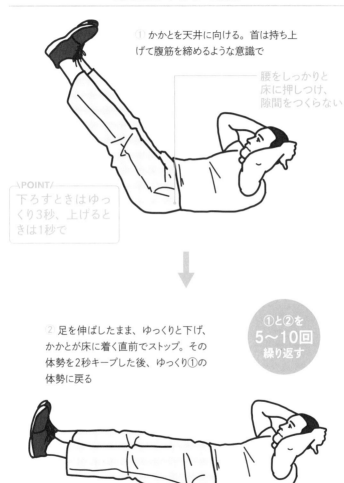

基本エクササイズ

最大筋肉を刺激するワイドスクワット

人の体の中で大きな筋肉と言えばどこでしょう？

それは**お尻の筋肉、大殿筋**です。この大きな筋肉を動かす（鍛える）ことによって、血流がアップします。**大きなポンプを動かしているイメージ**ですね。

これにより体の基礎代謝が上がりますので、スムーズに体全体を引き締めることができ、ダイエット効果を高めることができます。また、**血流が良くなることで、脳内の血の巡りも良くなります。すると幸せホルモンと呼ばれるセロトニンなどの神経伝達物質の動きも活発になり、気持ちがアップします。**

では、この大きな筋肉を効果的に鍛えることができるエクササイズを見ていくことにしましょう。まずはワイドスクワットから。**目的は、大殿筋に刺激を与えること**ですので、その目的に沿ったスクワットを伝授しましょう。

ワイドスクワット

①と②を
5〜10回
繰り返す
正面
つま先は
45度外側
大きく
膝もつま先と
同じ方向
常にかかとの真上に
膝がくるようにして
体を沈める

① 膝を伸ばしきらない程度に、少し膝を緩める。股関節から動かすためお尻を突き出して、前傾姿勢を取る

② お尻の筋肉を意識しながら、ゆっくり体を沈める。お尻の筋肉が伸びきったところで、しっかり2秒止まる

側面
背中は丸めず
フラットな状態に
膝は伸ばしきらず
ノンロック状態

基本エクササイズ

前ももを刺激するスプリットスクワット

次のスクワットは、先ほどのワイドスクワットと異なり、**太もも（大腿四頭筋）に効かせる**ことができるエクササイズです。

大腿四頭筋も人の体の中で大殿筋に並ぶ大きな筋肉と言われています。つまり、自分の体にある、血流を上げる最大級のポンプを動かそうというわけです。

また、ビジネスでもバランス感覚はとても大切だと言われますが、それは筋トレも同じこと。**下半身をバランス良く鍛えるためにも、ぜひワイドスクワットと組み合わせながら行ってみてください**。

もちろんこれまで同様、刺激を入れる筋肉である大腿四頭筋に意識を集中することを忘れずに！

いまここに集中です。

スプリットスクワット

①足を前後に開き、前足の太ももを意識しながら、ゆっくりと体を沈めていく

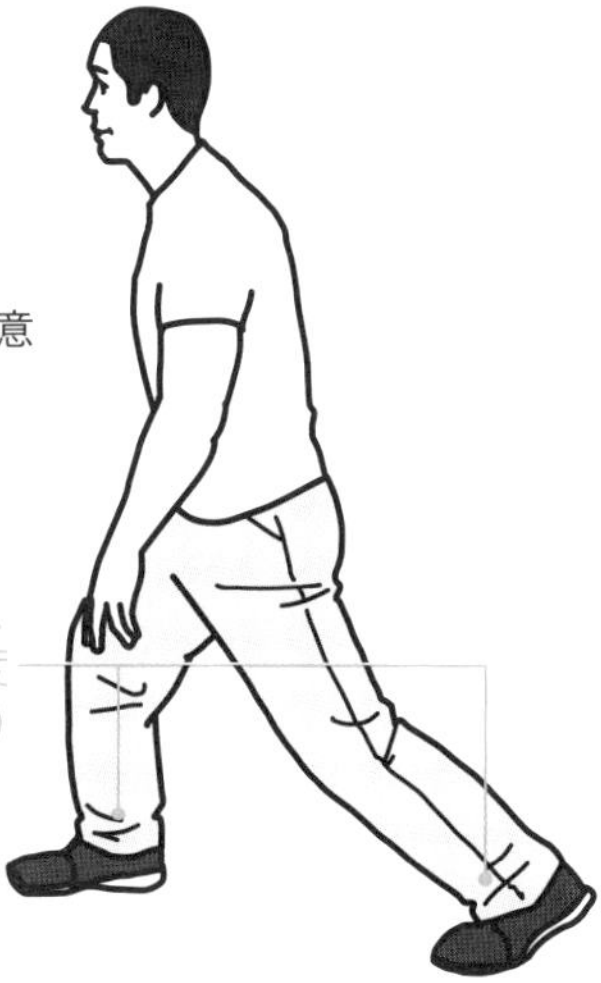
前足に体重をかけ、
後ろ足は支える程度
(前足8、後ろ足2くらいの比率)

②足の膝が前に出ないよう意識し、前足の太ももが地面と平行になるまで沈んだら2秒キープ

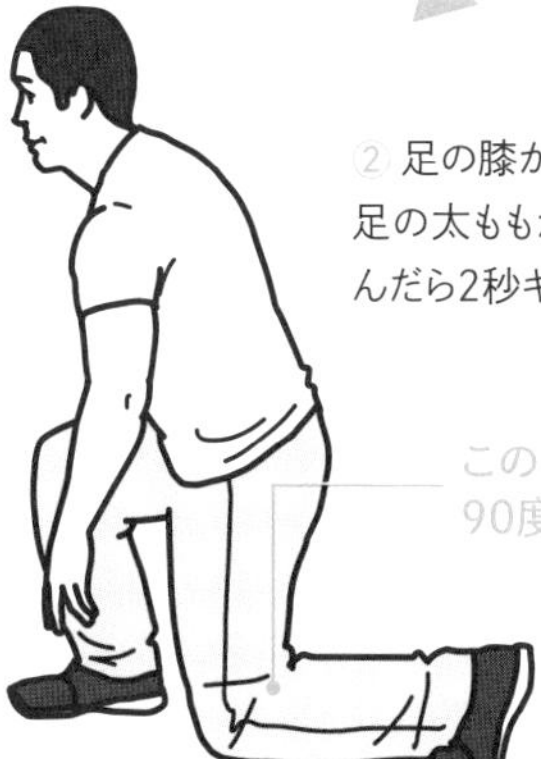
このとき前足と後ろ足は
90度になっているか注意

①と②を
5〜10回
繰り返す

※足を入れ替えて同様に行う

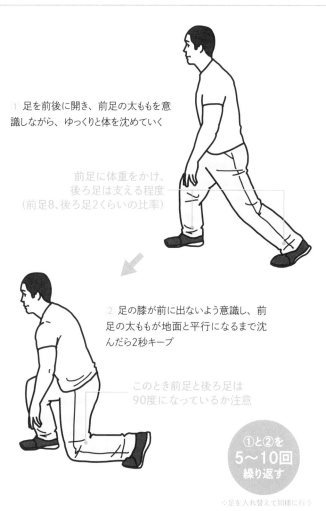

大山式エクササイズ

お尻を刺激し肩甲骨を緩める四股パンチ

次は体を大きく使って、心身を刺激していきます。

ここで紹介するのは、**「四股パンチ」**です。

このエクササイズは、パンチの動きにワイドスクワットの要素を取り入れたもので、大山オリジナルエクササイズです。

体を大きく使う全身運動なので、心の状態を一気に前向きにするのにとても効果的です。体の調子が優れないときや、やる気が出ないとき、商談など勝負を控えているときに行うと、その効果を実感していただけるでしょう。

また、お尻や太ももを刺激することができますので、ダイエット効果も期待でき、女性にもオススメです。

大山式「四股パンチ」

① ワイドスクワットの状態になり、両手は顎の前に置いてファイティングポーズを取る

ワイドクスワットは74ページへ

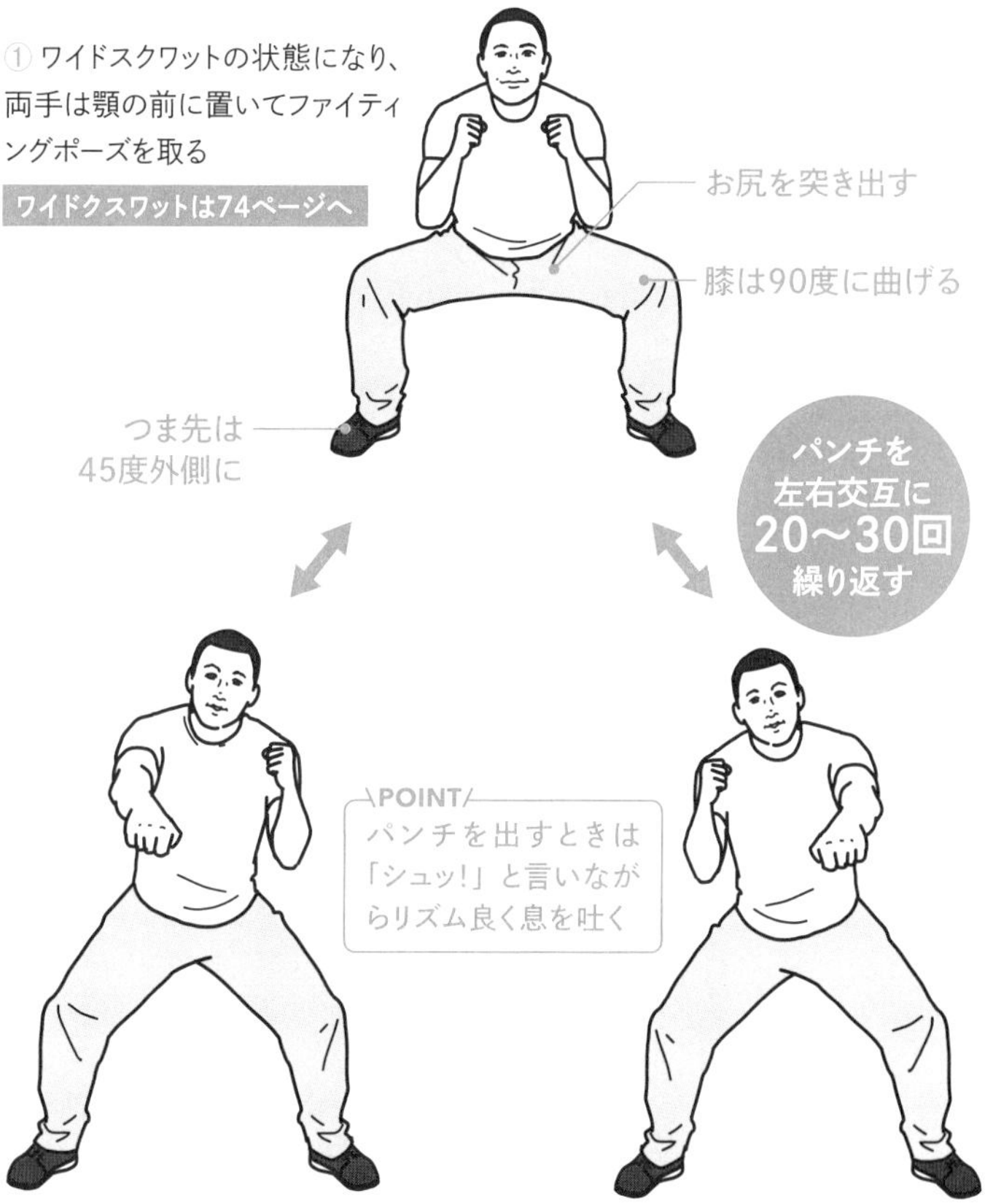
お尻を突き出す
膝は90度に曲げる
つま先は
45度外側に
パンチを
左右交互に
20〜30回
繰り返す
POINT
パンチを出すときは
「シュッ!」と言いながらリズム良く息を吐く

② 立ちながらパンチを出す。そのとき膝は伸ばしきらないように注意。そしてまた①の状態に戻る

大山式エクササイズ

誰もが笑顔になるワクワクスクワット

体と心が連動しているということは、**元気な体の使い方をすると心も元気になる**ということです。次は、そんな元気いっぱいの動きを取り入れたエクササイズです。最近、オンライン・エクササイズを開催する機会が増えているのですが、**このエクササイズを行うと、参加してくれた人たちみんなが笑顔になります。**

このエクササイズの**ポイントは、とにかく体を大きく使うこと。**これまでは刺激を入れる筋肉に集中して行っていましたが、このエクササイズでは**喜びの気持ちやワクワクした気持ちを、全身を使って思いっきり表現**してみてください。

人前ではちょっとはずかしいかもしれませんが、スクワットで伸び上がる度に「ヤッター！」と叫んでみるとなおＧＯＯＤ。不思議なほど心が前向きになります。ぜひ試してみてください。

大山式「ワクワクスクワット」

① お尻の筋肉を意識しながら、体を沈めワイドスクワットの状態になる

ワイドクスワットは74ページへ

お尻を突き出す
膝は90度に曲げる
つま先は45度外側に

② ①の状態から、左足を蹴って、右斜めにジャンプするようにし、手と足を大きく伸ばす（ヤッターのポーズ）

POINT
伸び上がるとき「ヤッター」と言いながらやると自然と笑顔になりなお良い

左右交互に 10〜20回 繰り返す

大山式エクササイズ

みんなでバンザイスクワット

「バンザイ」とは、おめでたいときやうれしいときに、両手を上にあげてその感情をあらわす動作ですが、大山式ではこれもエクササイズにしてしまいます。

このエクササイズは、先のワクワクスクワットと同様に、**基本的なスクワットに、バンザイというポジティブな動作を取り入れた全身運動**です。

こちらも**ポイントは、体全体を大きく使う**こと。そして、バンザイというポーズを取るときに、**背筋を伸ばして顔と視線を上に向ける**ことの2つです。

左図のように床に手をついたポジションから、一気に「バンザーイ」と立ち上がるなんて楽しそうに思えますが、実は10回やるだけでもかなり体が熱くなります。

また、**パートナーや同僚、ご家族と楽しみながらやるのもオススメ**。より気持ちがアップします。

大山式「バンザイスクワット」

① 足を肩幅に開き手は床につける。このときなるべく膝を前に出さず、お尻を突き出すようにする

\POINT/
バンザイからしゃがむときに膝が前に出てしまいやすいので注意

② ①の状態から一気にバンザイのポーズを取りながら伸び上がる。このとき顔は上を向く

①と②を
10〜20回
繰り返す

体を伸ばして気分をアップ
お尻と胸と背中のストレッチ

リモートワークの増加により、以前にも増して座っている時間が長くなっているという方は多いと思います。

人は長時間同じ姿勢でいると、体全体の筋肉が凝り固まり、血流も悪くなってしまいます。すると、疲れや気分の落ち込みを感じてしまいますので、意識して伸ばしてあげる必要があります。

そこで有効なのがストレッチです。凝り固まった筋肉をほぐすと、疲労回復にも良く、またリラックス効果があると言われています。

ストレッチのポイントは2つです。一つ目は、**筋トレと同じように、伸ばしたいところを意識する**こと。そしてもう一つは、**気持ちの良いところで体の力を抜いてあげる**ということです。

筋肉は、無理に伸ばそうとすると逆に縮もうとしますので、そこでさらに力を加えると、筋肉を痛めてしまいます。

ストレッチは、気持ち良くやってあげると心も軽くなります。**自分にとって気持ちの良いポイントを探すように**してください。

お尻のストレッチ

① 前足と後ろ足を床につけたまま膝を90度に曲げる
② 前足にゆっくりと体を預ける
③ 気持ちの良いところで10〜20秒止める

逆の足も同様に行う

POINT
前足にゆっくりと体を預けるときにお尻の筋肉が伸びているかを感じることが大事

次は**胸のストレッチ**です。この章の姿勢のところでもご説明しましたが、現代人は肩が内巻きになり、胸が閉じてしまっている状態で生活することが多くなっています。呼吸は浅く、脳に酸素が回らない姿勢での生活は仕事の効率にも影響をしているかもしれません。そこで有効なのが、胸のストレッチです。このストレッチは座りながらでもできますので、ぜひ仕事の合間にやってみてください。

胸のストレッチ

① 背筋を伸ばし リラックスして立つ
② 手を外旋させるように（親指を外側に回すイメージ）腕を広げ大きく息を吸う
③ 息を吐きながら①の状態に戻る

①〜③を数回繰り返す

POINT
②では上を見上げ胸を大きき開き、①に戻るときは大きく息を吐きながら戻る

最後は、キャットアンドドッグで**背中のストレッチ**です。

このストレッチは、主に肩甲骨の周りや背骨周辺を動かす運動で、ヨガでよく行われているものです。ストレッチで取る姿勢が犬や猫に似ていることからこのような名前がついています。肩から腰にかけて全体を動かすことができるので、姿勢の改善や腰痛の予防にも効果的です。

キャットアンドドッグ

① 四つん這いで手は肩幅より少し開く。おヘソを覗き込みながら、背中を丸くしていく（猫のポーズ）

② ゆっくり視線を上げ、肩甲骨を内側に寄せながら、背中を反らしていく。このとき、肘は曲げない（犬のポーズ）

①と②を10回ほど繰り返す

筋トレは
マインドフルネスだ!!

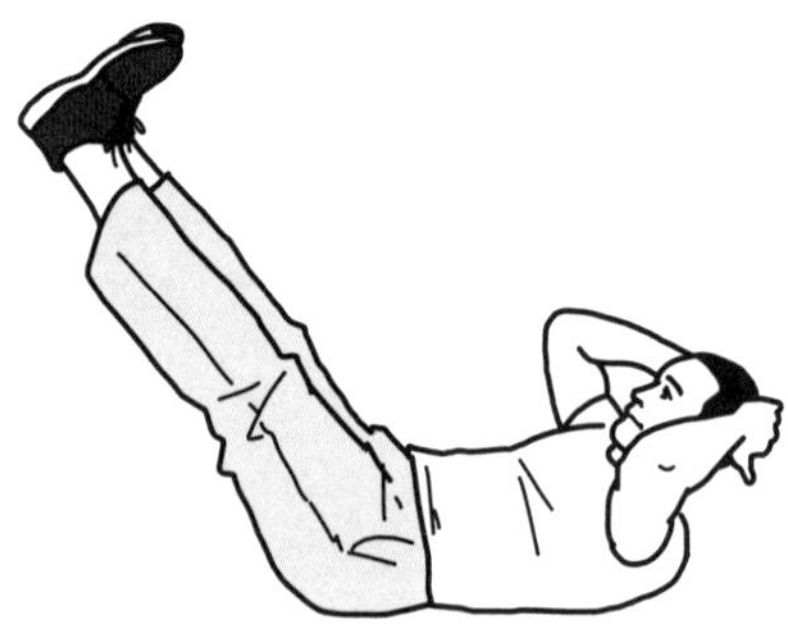

第3章

心を整えパフォーマンスを上げる

結果ではなくプロセスに注目する

アスリートもビジネスパーソンも、常に求められるものは「結果」です。
アスリートの場合は、試合の結果次第で生き残れるかどうかが決まります。
ビジネスパーソンも同様に、仕事で結果を出すことが会社の業績につながり、その先のキャリアを築いていきます。

しかし、**わたしたちは「結果」を思いのままにすることができません。**どんなに才能に溢れた選手でも、試合に負けてしまうこともあるでしょう。

逆に1992年に開催されたバルセロナ五輪での古賀稔彦さんのように、試合直前に大怪我をして練習ができなかったにもかかわらず、本番で金メダルを獲得するようなことも起こり得ます。

では「結果」を残すためにはどうしたら良いのでしょうか。

それは、**いまやるべきこと、つまり「プロセス」にフォーカスすること**です。なぜなら、**プロセスに集中できていると、無駄な思考がなくなる**からです。

もう少し具体的に説明しましょう。

「結果」にフォーカスするのと、「プロセス」にフォーカスするのとでは、わたしたちの心の状態は大きく異なります。

たとえば控室で試合の順番を待っているときに、

「まずは5分後にストレッチだな、それが終わったら1回水を飲むタイミングだな、その後に5分体を動かそう」

というように、**プロセスにフォーカスできていると、「いま」やるべきことに集中している状態になるため、無駄なことを考える余地がありません。**

しかし、結果にフォーカスしてしまうと、

「負けたらどうしよう」「勝たなきゃいけない」「商談を成功させなきゃいけない」

というような無駄な思考が頭の中を支配してしまい、いまやるべきことを見失ってしまうことでしょう。

振り返ってみれば、私がリングに上がっていた頃も、プロセスにフォーカスできているときは、良い結果がついてきていたように思います。

「いまはステップを踏んで、相手と距離を取ろう」

「次のラウンドは相手の様子を少し見よう」

というように、**プロセスにフォーカスすることができていると思考がシンプルなため、神経が研ぎ澄まされていくように感じ、良い状態で戦うことができていました。**

わたしたちはどうしても結果を求めすぎてしまうあまり、思考が複雑になってしまいがちです。いまやるべきことに集中することこそが、シンプルな思考を生み、良い結果を引き寄せるのです。

まとめ

FIGHTNESS

プロセスにフォーカスすれば、無駄な思考を取り除け、良い結果を引き寄せることができる。

トップ選手は「自分」のことを認めている

一流の選手には、共通した特徴があります。それは、自分のことをしっかり認めているということです。

「自分を認める」というのは、良いところも悪いところも含めて、自分のすべてを受け入れている状態のことを指します。

自分を認めることができていると、仮に何かに失敗したとしても、「今回は失敗したけど、次は失敗しないぞ」と次に向けて気持ちを切り替えることができ、長所を伸ばし、短所を改善していく力も湧いてきます。

一方で、思うように結果を残せない選手は、自分を認めることができていません。現役時代のわたしが、まさにそうでした。

わたしは自分を認めることができず、試合に負ける度に、**「だから俺はダメなんだ」**

という思考に支配されていました。

その試合の中には、ダメな部分ばかりでなく、良い部分も存在していたはずなのに、その自分の良いところまでも否定してしまっていたのです。

その事実が、現役時代のわたしの33戦14勝19敗という成績にあらわれているのかもしれません。

特に日本人は、その傾向が強いのではないでしょうか。

わたしが学生だった20~30年前は、体育の授業や部活動で、理不尽な指導が横行していました。

試合で負ければ「だからお前はダメなんだ」と人格まで否定されたこともあった時代ですので、そのような思考が染みついてしまっているのかもしれません。

ちなみに、わたしが同じリングで戦っていた外国人選手たちは、試合に負けても、「今日は俺の日じゃなかった」という主旨の発言をしていました。

彼らは、試合に負けたとしても**「今日は俺の日じゃなかったけど、次は必ずベストを尽くすことができる」**と考えていたのです。彼らは自分のことを認めているので、どんな状況でも自分を信じることができますし、常に前向きです。

このように、わたしが見てきた**数々のトップアスリートは、割り切り方がすごく上手で、思考がいつもスマートな人ばかり**でした。

わたしも引退してからようやく自分を受け入れることができるようになりました。現役時代のように、失敗したときにダメな自分ばかりを責めることもなく、良い部分にも目を向けることができるようになりました。それによって、人生がとても楽しく前向きになったと感じています。

みなさんも、**まずは自分という人間の存在をしっかり認めてあげましょう。**

まとめ
FIGHTNESS

良いところも悪いところも含めて、自分を認めてあげよう。それができれば、失敗からも学びを得て未来に進むことができる。

比べることをやめて自分の心の声を聞く

現役時代のわたしは、「勝たなきゃいけない」「強くなきゃいけない」「成功しなきゃいけない」と、いつも考えていました。自分のダメな部分を受け入れることも、許すこともできませんでした。だから試合に負ける度に、自分で自分を傷つけ、自己を否定し、その結果、自信を失っていたように思います。

さらに**意味もなく他人と自分を比べていました。「あの人より自分は強いのか、それとも弱いのか」と、人と比べては、自分の心を擦り減らしていました。**

現役時代のわたしと同じ状況に陥っているビジネスパーソンの方も多いのではないでしょうか。ビジネスの世界では、「会社の年商」や「個人の年収」が比較対象となるのでしょう。しかしそれらを比較し始めると、終わりが見えてきません。なぜなら、仮に、Aさんには勝っていたとしても、もっとすごいBさんがいて、そのまた先にはもっとすごいCさんがいて……と、**人との比較には終わりがない**からです。

そのことを心の底から楽しいと思い、幸せを感じているのなら話は別ですが、ほとんどの人は心が擦り切れてしまいます。

実際、わたしの友達の優秀な社長たちは、たくさん稼いでいて、高級外車を何台も持っています。それらの高級車を見たとき、「自分は車すら持っていないのに……」と無意識に彼らと自分を比べてしまいました。

しかし、すぐに「わたしが車を持っても意味はないな」と我に返ることができました。そもそも、わたしは車の運転があまり好きではありません。

そんなわたしが高級な車を所有したところで、なんの意味もありません。わたしの潜在意識では、高級車を求めていないことに気がついたのです。

いまのわたしは、過去のダメだった部分も含めて自分を許せるようになっています。**人と自分を比べることをやめ、自分のあるがままの姿を受け入れることで、見栄を張ることも格好をつけることもなくなりました。**

そうすると、自分の心に引っかかっていた重りが外れ、何事も自然体で振る舞えるようになります。
わたしは、「自然体」でいることがとても大切だと思っています。**自然体の自分でいることによって、自分の内側から湧き出てくるワクワク感を大切にしたり、自分が心の底から求めているものが見えたりするようになったと思います。**このようにあるがままの自分を受け入れることを「セルフコンパッション」と言います。

いまの世の中には、「高級車を持ってなきゃいけない」という幻想にとらわれてしまい、それを夢や目標にしてしまっている人が多いように思います。心から求めていないものを追い求めていたら、苦しくなるのも無理はありません。
まずは、**ダメな部分も含めて自分を許し、自然体な状態になる。**そして、自分の本当の心の声を聞くことができるようになったとき、これまでにないパフォーマンスを発揮できる力が湧き出てくるのではないでしょうか。

まとめ
FIGHTNESS

人との比較はエンドレス。まずは自分を許し、自然体な状態になり、心の底から自分が求めているものに気づいてあげよう。

最大限の力はルーティンで引き出す

野球界で大きな功績を収めたイチローさん。日本人初のメジャーリーガー外野手で、日米で通算28シーズンをプレーしました。

メジャーリーグでのシーズン最多安打記録（262安打）の保持者であり、プロ野球界における通算安打世界記録（日米通算4367安打・ギネス世界記録）や、最多試合出場記録（日米通算3604試合出場）など、輝かしい成績を収めたトップアスリートの一人です。

そんなイチローさんは、様々な**「ルーティン」**を持っています。バッターボックスに立つときは、右手でバットを立てるように構え、反対側の左手を右肩に添えるように触ってからバットを回す仕草はとても有名です。

他にも、普段の生活では朝昼兼用のブランチにいつもカレーを食べていたことや、20年以上同じスペックのバットを使い続けていたことなど、とてもルーティンを大切にしています。

なぜ、イチローさんはルーティンを大切にしたのでしょうか。

それは、イチローさん自身が**「いまやるべきことに集中しているから」**だとわたしは考えています。

前述したように、**人が結果をコントロールすることはできません。コントロールできる部分は、結果を出すまでのプロセスの部分です。**

イチローさんのルーティンは、すべてがプロセスにフォーカスされています。結果を残すために、同じ行動を繰り返してメンタルを安定させます。体と心は連動しているので、メンタルが安定すると体の状態も安定します。

そして、試合本番のバッターボックスに立つときには最高の準備を終えているため、あとは「やるだけ」です。たとえ、「ここで打たなきゃチームが負ける」というプレッシャーがかかった場面でも、**いつも通りの力が発揮することができたその秘訣は、まさにルーティンにあった**と言えるのではないでしょうか。

現役時代のわたしはそれができませんでした。

どうしてもプロセスではなく結果のほうに意識が向いてしまい「負けたらどうしよ

う」と、いまやるべきことに集中できなくなっていました。

わたしの場合、試合中にセコンドの声を聞くことはルーティンの一つでしたが、結果に目が向いて心が安定していないときはセコンドの声すら聞こえていませんでした。

さらに結果が出ないときほど結果を求めてしまい、マイナスのループにハマってしまいました。

イチローさんのようにプロセスを大切にし、いまやるべきことに集中できていれば、わたしの現役時代の結果は違うものになっていたでしょう。

スポーツでもビジネスでも結果を残したいのであれば、プロセスにフォーカスした、あなただけのルーティンをつくってみてはいかがでしょうか。きっとそれが、いざというときにあなたの最大限の力を引き出してくれるはずです。

まとめ
FIGHTNESS

プロセスにフォーカスしたルーティンを持つ人は強い。自分の最大限の力を発揮できるように、自分のルーティンを持とう。

コントロールできないことは考えない

日米の野球界でホームランを量産してきた松井秀喜さん。読売ジャイアンツでの活躍から、アメリカの超名門であるニューヨーク・ヤンキースに移籍。2009年にはワールドシリーズで優勝を経験し、同年にはアジア人で初のワールドシリーズMVPを獲得。2013年には国民栄誉賞を受賞した、球界を代表する人物です。

そんな功績を残してきた超一流のアスリートである松井さんですら、成績不振で大バッシングを受けていた時期がありました。

マスコミから「いまの状況をどう思いますか」と質問された松井さん。そのときに松井さんが発した言葉を、わたしはいまも忘れることができません。

松井さんは、**「僕はコントロールできないことは考えない。自分にできることに集中するだけ」**という主旨の発言をしたのです。

この言葉を聞いたときわたしの頭にすぐに浮かんだのが、2001年のヘンゾ・グレイシー戦のことでした。

網膜剥離からの復帰戦で、なんとか勝利を収めようと必死に戦い、勝ちをもぎ取ったその一戦は、試合後に消極的な戦い方だと、あらゆるメディアや格闘ファンから大バッシングを受けたのです。わたしはそのことに大きなショックを受け、その後もことあるごとにヘンゾ戦のことを持ち出され、ずっと悩み続けていました。一時は「ヘンゾ」という言葉を聞くだけで震え出すぐらい、軽いパニック障害のような状況にもなりました。

それが、松井さんの**「コントロールできないことは考えない」**という言葉を聞いたとき「松井さんのような一流の人でも、人の評価はコントロールできないことなんだから、もう意識するのはやめよう」と、素直に思え、それからはヘンゾ戦のことを聞かれても、過剰に反応することはなくなっていきました。

このときの学びは、引退後にも活かされています。

引退後は、ファイトネスを企業に導入していただくために提案に行く機会が多いのですが、その際も**「自分ができること」だけに集中するようにしています。**

ファイトネスが企業で働くみなさんのお役に立てることを一生懸命に伝えることに集中していますので、プレゼンが終わったときはいつも**「ベストを尽くした」**と感じることができます。

コントロールできないことは考えず、自分ができることに集中する。このような思考法を手に入れることができたので、もし良い返事がもらえなかったとしても「しかたがない」と割り切ることができますし、自信を失うこともなくなりました。

みなさんも、他人からの評価に振り回されることなく、自分がコントロールできることだけに意識を向けてみてはいかがでしょうか？

まとめ

FIGHTNESS

自分がいまコントロールできることに全力を尽くす。それがベストを尽くすコツである。

「割り切る力」が崩れないセルフイメージをつくる

何度かお話してきましたが、**「一流選手」と「一流ではない選手」の違いは、「割り切る力」にある**と考えています。

特に「試合に負けた」「結果が出なかった」「バッシングを浴びた」というようなネガティブな結果が出たときに、その差が顕著にあらわれます。

「割り切る力」を持つ選手は、**「自分は最強の選手だ」とか「ピンチに強い男だ」などといったセルフイメージが崩れず、自己評価もマイナスになることはありません。**

逆に、「割り切る力」を備えていない選手は、セルフイメージが崩れて、自己評価をマイナスにしてしまいます。

現役時代のわたしは、試合で負ける度に自分の評価を低くしてしまい、ずるずると負けを引きずっていました。

それがなぜダメなのかと言うと、そこから**次に向けて動き出すとき、「俺はダメなやつだ」というところからスタートするので、再び這い上がるのが大変な作業になってしまうからです。**

言ってみれば、自分に対する信頼や自信を、また一からつくり上げていくイメージです。

しかし、一流の選手たちは結果が出なくても長く引きずることがありません。もちろん結果に対して落ち込むことはあるでしょうが、引きずらないから、次の試合で本来のパフォーマンスを発揮することができます。

先にも紹介した外国人選手のインタビュー、**「今日は俺の日じゃなかった」**という発言は、まさに「割り切る力」を示しています。

この発言は、ダメだったことを「運」のせいにしているので、自分に対する自己評価は落ちていません。ですからこの発言をした外国人選手が試合で負けたとしても、次の目標に向かうときの再スタートは、それまで積み上げてきたところがスタート地点となります。

つまり、**現役時代のわたしと先の外国人選手では、再スタートを切る度に大きな差が生まれているというわけです。**

いかがでしょう。

「割り切る力」を身につけることの大切さが理解できたでしょうか。これは、ビジネスの現場でも同様です。

自分の力ではどうしようもない出来事には、良い意味で割り切ることも必要です。そして、自分ができることに目を向けて次に進むことが、ビジネスの世界でも活躍する秘訣なのではないかとわたしは思います。

まとめ

FIGHTNESS

「割り切る力」がある人は自己評価が落ちないので、次の目標へ進むときのスタートが切りやすい。

勘違い力が自分を動かす大きなパワーとなる

幼い頃の夢や目標を実現したトップアスリートは、一つの共通した「力」を持っています。それは、**「勘違い力」**です。

みなさんは、トップアスリートたちが小学生のときに書いた卒業文集を、メディアなどで目にしたことはないでしょうか？

たとえば、プロゴルファーの石川遼選手。男子ツアーを世界最年少で優勝、日本での最年少賞金王記録保持者でもあります。石川選手が小学生の頃に書いた卒業文集には、まるで未来の自分を予言しているかのような、とても具体的な内容が書かれています。

また、サッカー日本代表としてW杯に3大会出場した本田圭佑選手や、日米の野球界で大きな功績を残したイチローさんも、大きな夢を描いていたことが知られています。

わたしが言う**「勘違い力」とは、すなわち「想像力」**のことです。

現在は超一流のアスリートとなった彼らでも、小学生の頃は「お前じゃ無理だよ」「何をバカなことを言っているんだ」という周囲の声もきっとあったのではないかと思います。しかし、彼らはそんな周囲の声に惑わされることなく、なりたい自分の姿を頭の中に描き続け、それを現実のものにしてきました。彼らは、**いくら挫折しても、「自分ならできる」と勘違いさせ、未来を想像し続け、夢を実現しているのです。**

では、人間の想像力にはどんなパワーが秘められているのでしょうか。たとえば、みなさんは、小説を読んでいるときにドキドキしたり、感動を味わったりしたことがあるでしょう。みなさんが見ているのはただの文字だけのはずですが、その文字から脳内に物語をつくり出し、そこで展開されるストーリーによって、心臓が縮むような緊張を味わったり、体が震えるほど感動したりします。つまり、**想像力（勘違い力）が働くと、自分の感情を動かす力になる**のです。

さらに**想像力（勘違い力）は、「意志の力」をもしのぐパワーを持っています。**たとえば、「お酒やタバコをやめる！」と周囲に意思表示したとします。

しかし、なかなか辞められない人が多いのは、お酒を飲んで気持ち良くなっている自分を脳内で想像してしまうからです。

逆にこの力をうまく使って「タバコをやめられれば、こんなに健康的で楽しい生活が待っている」と想像することができれば、きっとタバコをやめることができるでしょう。想像力（勘違い力）には、わたしたちの意志の力より、何倍も強いパワーが宿っている。わたしは心からそう信じています。

物理学の常識を覆したと言われるアインシュタインは、想像力の重要性についてこう言ったそうです。

「空想は知識より重要である。知識には限界がある。想像力は世界を包み込む。神聖な好奇心を失ってはならない」

わたしたちの想像力は無限です。**周りの人が何を言おうと、自分自身を勘違いさせ、明るい未来を想像し、それを信じて突き進みましょう。**そうすれば、きっと自分の人生をより豊かなものに変えることができるでしょう。

まとめ

FIGHT NESS

「勘違い力」はとてつもないパワーを発揮する。理想の自分を描き続け、明るい未来を手に入れよう。

喜びの感情で自分の中のリミッターを外す

想像力が重要なことは、すでにお話させていただきました。しかし、わたしたちが未来を想像しようとすると、必ず邪魔をしてくる人がいます。

それは、「自分自身」です。

未来を想像していると、ついつい自分が実現できることに限界をつくってしまうことは、ないでしょうか？

「いまのわたしには無理だろう」

「ここまでしかできなそうだな」

と、いまの自分ができることに縛られてしまい、夢や目標がどうしても小さくなってしまうのです。

それが日本の詰め込み型の教育の影響なのか、それとも環境による影響なのかはわかりませんが、とにかく**多くの日本人は、無意識のうちに、「自分にできることはここま**

で」という枠をつくってしまうため、自分の想像力がその枠を超えていくことができなくなってしまっていると思います。

わたしは、幼い頃からヒーローに憧れていたせいか、そのような限界値（リミッター）を設けずに未来を描いてきました。

だから、**対戦する相手にも限界をつくることはありませんでした。**現役時代のわたしの対戦相手は、世界のトップファイターばかりがズラリと並んでいますが、誰が相手でも、本気で勝利することだけを信じて練習し、試合当日のリングに上がっていました。だからこそ、本来のわたしの実力では考えられないような強い選手からも、勝利を収めることができたのでしょう。

そんな**わたしが未来を描くときに大切にしていたのは、「喜びの感情」**です。

「この試合に勝ったらみんなが喜んでくれるかな」

「この人に勝てたらうれしいな」

という気持ちを想像すると、練習にもより一層集中することができるのです。

もしかしたら、試合に向けて一心不乱に練習する姿を見て、「意志が強い」と感じていた方がいるかもしれません。しかし、当の本人はそんなことは考えていませんでした。努力をしているという感覚はなく、早く試合をしたくて、内側から湧いてくるパワーに突き動かされているような状態なのです。

わかりやすくたとえるなら、ピクニックが待ちどおしい小学生と一緒かもしれません。みなさんも、ピクニックに行く日の前日に、ワクワクしながらリュックにお菓子を詰め込んだ経験はありませんか。**自分を待ち受ける出来事にワクワクしていれば、誰に促されることもなく、やるべきことを行うことができます。**これはあくまでわたしの感覚ですがこのようなモードに入ると、自然と物事がうまく進みます。みなさんはいかがでしょうか。

リミッターの外し方は人それぞれで良いと思います。紙に目標を書いて目のつくところに置いておくのは有名な方法ですね。他にも自分がなりたい姿の人の写真を置いておくのもいいでしょうし、そういった映画や漫画を見るのでもいいでしょう。

わたしの場合は、頭の中でウルトラマンになった自分を想像したり、憧れていた桜庭和志さんのように、満員の東京ドームで活躍する姿をいつも想像していました。頭の中は誰かに見られるものではありませんし、想像することはその人の自由ですし、より自由になれたほうが、自分の可能性が広がっていくでしょう。

もしも、**「こうなりたい」という姿が想像できず、どうして良いかわからない人がいたら、そのような人には「外の世界の人の話をたくさん聞く」ことをオススメ**したいと思います。わたしは現役を引退したとき、自分がこの先に何をしていいのかわからなくなってしまいました。格闘技の世界でしか、自分自身の未来を想像することができなかったのです。

そこでわたしは、携帯電話に登録されている番号に片っ端から電話して、たくさんの方とお会いしました。すると、わたしが**それまで知らなかった世界に触れることができ**、「これまで取り組んできた格闘技をこのように活かしたらいいいんじゃないか?」と**自分の想像がどんどん膨らんでいきました。**

こうして引退後に行き着いたのが「ファイトネス」でした。たくさんの方々の話を聞いているうちに、再びわたしはリミッターを外し、「ファイトネス」を生み出すことができたのです。

まとめ

FIGHTNESS

あなたの頭の中は、誰も見ることはできない。「喜びの感情」で自分のリミッターを外してみよう。

「なんで」と思ったら「どうしたら」と考える

わたしたちは、思い通りの結果を得られなかったとき、ついつい「なんで」と考えてしまいます。「なんでうまくいかなかったんだろう」「なんであの人はこんなことを言ったんだろう」という具合です。

現役時代のわたしは、試合に負けるといつも「なんで」と考えていました。「なんでだよ、あいつのせいで……」と、ついつい愚痴や誰かの悪口を口にしていたのです。でも、だんだんとそのような自分が嫌になってきます。なぜなら、**悪口や愚痴を言っていることは自分自身には隠しようがないため、それが自己評価を下げ、セルフイメージをさらに悪くしてしまっていた**からです。

これを解決するには**「なんで」を「どうしたら」に変えてみる**ことです。たとえば、先の例の「なんでうまくいかなかったんだろう」を「どうしたらうまくいったかな」に変えてみてください。するとどうでしょう。前向きに解決策を探せるような気がしてきませんか。

とはいえ、わたしもこのような思考法を身につけることができたのは、現役を引退してからでした。

引退したばかりのわたしは「きっと誰かが手を差し伸べてくれるだろう」と、甘く考えていました。しかし、世の中はそんなに甘くはありませんでした。それまでわたしの周りにいた方たちの多くは、引退とともに去っていきました。

この先どう生きていけばいいかわからなくなったわたしは、一瞬「なんで」というネガティブな思考に陥りかけましたが、崖っぷちに追い込まれていたからか**「どうしたらセカンドキャリアがうまくいくのかな」「どうしたら現役時代より輝くことができるかな」**と考えを持ち直すことができたのです。

すると、「そうだ、あの人に電話してみよう」「会って話を聞いてみよう」と、次々とポジティブな行動を起こすことができ、その結果、「ファイトネス」で企業研修を行うことで、わたしのセカンドキャリアが輝き始めました。

このように、自分の中にある負のエネルギーをプラスに変えることができるようになると、もっと人生が輝き出すはずです。

自分の最高の監督は「自分自身」でなければなりません。なぜなら、**自分のことを最も良く理解しているのは自分**だからです。もう一人の自分が、監督やコーチとなり、自分自身を良い方向にハンドリングしてあげるのです。

そのためにも、まずは意識して「なんで」を「どうしたら」に変える習慣を身につけることが大切です。意識し続ければ少しずつ習慣となり、「どうしたら」と考えるクセをつけることができます。それがやがて性格になっていくでしょう。

性格とは習慣でつくられていくもの。**野球の素振りやボクシングのシャドーと同じように、無意識にできるようになるまで習慣化していきましょう。**

まとめ
FIGHTNESS

「なんで」は無限のマイナスループにハマる。「どうしたら」はプラスの解決策を生む。

頭の中から「100のノイズ」を消していく

2005年の大晦日に開催された「K-1 PREMIUM 2005 Dynamite!!」で、わたしは世界的なファイター、ピーター・アーツ選手と戦い、1ラウンドで劇的な勝利を収めることができました。

当時のわたしは実力も知名度もありませんでしたが、それでも勝利を手繰り寄せることができたのにはある理由があります。それは、**頭の中から余計なノイズを消し去り、ピーター・アーツ選手を倒すことだけに集中することができていた**からです。

そのときにわたしが活用したのが**「100のやらなきゃ（ノイズ）リスト」**でした。これは、当時、メンタルコーチを務めていただいていた山家正尚さんが、わたしに与えてくれた課題の一つで、**どんなに小さなことでもいいから、やらなきゃいけないこと100項目を紙に書き出してリスト化しよう**というものでした。

たとえば、「友達に借りたCDを返す」「部屋の掃除をする」「返信していないメールを返す」というように、一見競技とは関係ないことまで事細かにリストに挙げ、一つずつクリアにしていくのです。

わたしは、大小問わず身の回りのことを100項目挙げ、それを一つずつクリアにしていく作業を行いました。

この作業を行う目的は、頭の中にある「やらなきゃいけないこと」、特に試合に向けて集中するために不要な「ノイズ」を取り除くことにあります。

何かの目標を達成するとき（当時のわたしの場合はピーター・アーツ選手を倒すこと）、わたしの持つすべてのエネルギーが目標に向いていなければなりません。

しかし、もしも頭の中に「友達にCDを返さなきゃ」「メールしなきゃ」という心残り（雑念）があると、100％の集中を保つことはできないでしょう。

「あれもしなきゃいけない、これもしなきゃいけない」と考えているときは、常に頭の片隅にそのことが残ってしまうからです。

このように、人間の脳は余計なノイズが残っていると、目標に向かって100％の集中ができない構造となっているそうです。

言ってみれば、「あれ？　あの人の名前、なんだっけ？」と思い出せないとき、わたしたちの脳は、パソコンでたとえるなら「検索」している状態です。**「そこにエネルギーを使っているのはもったいないから、それらを全部消す」**のが、「100のやらなきゃ（ノイズ）リスト」で行う作業、ということです。

わたしは、この「100のやらなきゃ（ノイズ）リスト」を活用して余計なノイズを取り除き、100％の意識でピーター・アーツ戦に向けて準備を行い、当日のリングに上がることができました。

その結果が、劇的な勝利をもたらしたのです。

まとめ
FIGHT NESS

目標達成に向けて100％の集中力を発揮するために、まずは、脳内からノイズを取り除こう。

行動が動機を強化する

頭の中のノイズを消すことで、ピーター・アーツ選手から勝利を収めることができたことをお話ししましたが、ノイズを消しながら見えてきたものがあります。ここではその話をしておきましょう。

わたしが、メンタルトレーナーの山家さんに「ピーター・アーツに勝ちたい」と相談したのは、大晦日の対戦から遡ること約7ヶ月前のことでした。7ヶ月前ですから、当然、試合は決まっていません。それどころか、**当時のわたしがピーター・アーツ選手と戦うことができる可能性は皆無に等しい状況でした。**

知名度も実力もないわたしがピーター・アーツ選手と試合を行うことは、主催者にとってもピーター・アーツ選手にとってもメリットがないからです。

それでもわたしは、勝手にピーター・アーツ選手と戦うことだけを想像し、「100

のやらなきゃリスト」を書き出して、一つずつノイズを取り除く作業に取りかかりました。そうすると、**行動を重ねるごとに「絶対にやってやる!」という動機が大きくなっていく**のです。

人は、何もしないで高いモチベーションだけを長く維持することはできません。みなさんも、「これをやろう!」と意気込んだけど、一時的に盛り上がって終わってしまったという経験があるでしょう。

しかし、**どんなに小さなことでもいいから、行動を起こすと、その行動が薪の役割をし、動機の炎を燃え上がらせ、さらに「成し遂げよう」という気持ちを大きくしてくれる**のです。

当時のわたしにとって最も大切だったのは「最高の準備をしてリングに上がること」でしたので、「そのために何をすればいいか」を考えました。

「まずは朝走ろう」

「走る方法も考えよう。長い距離の走りも必要だし、ダッシュもしたほうがいい、インターバル走もしたほうがいいな」

「相手の弱点をつくために寝技のトレーニングも積んだほうがいいな」というように、**行動を起こしていくと、次にやるべきことがだんだんと明確になっていきます。**こうして、わたしは自然と「いまやるべきこと」だけを考えてピーター・アーツ戦に向けた準備を進めることができました。

振り返ってみると、わたしがピーター・アーツ戦の勝利を引き寄せるための最初の行動は、「借りたCDを返すこと」でした。

このような**小さな行動を積み重ねながら、動機を大きく育て、劇的な勝利を掴むことができた**のです。

まとめ
FIGHT NESS

どんなに小さなことでもいいから行動してみよう。その行動が動機を強化し、目標達成のための好循環を生み出す。

喜んでくれる人を想像し その感情にフックをかける

先に「喜びの感情」で心のリミッターを外すお話をしましたが、わたしは普段から「楽しい」「うれしい」という感情を大切にするようにしています。

ピーター・アーツ戦のときのわたしは、この「楽しい」「うれしい」というワクワクした感情に「フックをかける」ことができていました。

フックとは、留め金のことです。つまり、楽しい気持ち、うれしい気持ちに留め金をかけるイメージです。ピーター・アーツ戦のときは「もしも勝ったら、どれだけ嬉しいかな」というワクワクした気持ちにフックをかけることができていたので、ストレスを感じることなく、練習に取り組むことができました。

さらに良かったのは、「応援してくれる人たちがどれだけたくさん喜んでくれるかな」

という周りの人の感情にもフックをかけることができていたことです。

自分の喜びはもちろん大切なのですが、このときは自分の喜びだけで完結せず、周りの人の喜びも考えられていたので、わたしのワクワクした感情はさらに大きくなっていたように思います。

わたしたちが、心の底から欲しがっているのは、実は「喜びの感情」だと思うんです。みなさんも考えてみてください。「何キロ痩せたい」とか「この仕事を受注したい」とか「高級車が欲しい」といった目標へ向けて行動するのは、実はその後の「やった！」という感情を味わいたいからではないでしょうか。

逆に、注意して欲しいのが、フックをかけ違えてしまうこと。

どういうことかというと、**「勝たなきゃいけない」「負けられない」という結果にフックをかけてしまう**ようなことです。こうなると、**途端に練習もきつくなり、プレッシャーも強く感じてしまう**ことでしょう。

同じ「勝つ」という目標ではありますが、これでは勝つことが義務となってしまい、結果的にまったく異なるプロセスを経て、違う場所に行き着いてしまうことになるかもしれません。

もちろん、「今回は絶対に勝たなきゃいけない」というような人生の大一番は誰にでもあると思います。

ただ、そのようなときこそ喜びの感情にフックをかけ、目標までのプロセスを変えてみてはいかがでしょうか。**同じ練習でもワクワクしながら楽しむことができれば、良い結果を引き寄せるでしょう。**

では、喜びの感情のフックはどのように探せばいいでしょう？

一番の方法は**「喜んでくれる人を想像する」**ことです。

わたしは2010年に妻と結婚したのですが、当時はお金がなく、結婚指輪を買うことができませんでした。

「どうにかしたい」と頭を悩ませていたときに、わたしのもとに韓国の「ROAD FC」という大会から出場オファーが届きました。

その大会は賞金が出るということで、わたしは「絶対に優勝してその賞金で妻に指輪を買おう」と心に決めました。

すると**優勝した瞬間の妻の喜ぶ姿が目に浮かんできて、だんだんワクワクしてきました。**まさに「喜び」を描いていた状態です。

大会の一回戦の相手は、PRIDEやUFCで活躍したデニス・カーンという有名な選手でした。わたしはPRIDEで結果を残せないまま終わった選手であるのに対して、デニス・カーン選手はPRIDEでも連勝街道をひた走り、その階級の最強説も流れたような選手です。

前評判では、わたしに勝機はないとみられていました。なんとかして結婚指輪を買う資金を手に入れたいわたしは「絶対勝つんだ！」という強い想いでリングに上がりましたが、1ラウンドに顎を打ち抜かれてダウンしてしまいます。

襲いかかってくるデニス・カーン選手に殴られ続け、**絶体絶命のピンチに陥りながら、妻の顔が脳裏をよぎりました。**

すると体が勝手に反応して、スルッと体勢を入れ替えることに成功しました。そこから反撃を開始し大逆転勝利を収めることができました。

その勢いのまま勝ち上がったわたしは見事に優勝し、念願の賞金を獲得。妻のために結婚指輪を買うことができました。

この大会当時のわたしは、試合に勝つことはもちろんですが、「妻の喜ぶ顔が見たい」という喜びの感情にフックをかけることができていました。とても心の純度が高かったと思います。

多くの人は、「優勝したい」「周りから褒められたい」といった**自己実現するための目標にフックをかけてしまいがち**です。

しかし、**「喜んでくれる人を想像し、その感情にフックをかけることができたら、モチベーションは一気に変わります。**

繰り返しますが、フックをかける場所を探すときのポイントは、「喜んでくれる人を想像する」こと。自分の欲だけではなく、周りの人が喜ぶことにフックをかけることができれば、おのずと望む結果が手に入ることでしょう。

まとめ
FIGHTNESS

周りの人の喜びの感情にまでフックをかけることができたとき、モチベーションは一気に上がり、望む結果が手に入る。

ワクワクと感謝の意識は最強

現役時代、わたしが良い結果を残すことができた試合には、ある法則があります。それは、「喜びの感情」だけでなく**「感謝の気持ち」にもフックがかかっていた**ということです。いくら準備がうまくいっても、感謝の気持ちにフックがかかっていないときは、ボコボコにやられていたように思います。

わたしは「PRIDE」を闘いの舞台にしていましたが、PRIDEから離れて、次の戦いの舞台を「K－1・HERO'S」に移しました。その第一戦の相手は、バレンタイン・オーフレイム選手でした。

この選手は、のちにK－1やStrikeforceなどでチャンピオンになったアリスター・オーフレイム選手の実兄にあたり、当時からものすごく強かった選手です。しかもその試合は、なんと「K－1・HERO'S」旗揚げ大会の第一試合でした。

第一試合に選ばれたわたしは、「負けたら終わり」というまさに必死の覚悟で試合に挑みます。

大役も任され、大きなプレッシャーを感じていましたが、同時に「こんな大切な大会の第一試合にわたしを選んでくれてありがとうございます」という強い感謝の気持ちを持ってリングに上がりました。

「ここで勝てば、選んでくれたHERO'Sのみなさんに恩返しができる、HERO'Sを盛り上げることができる！」

という喜びと感謝の念を持ちながらリングに上がったおかげで、心の底から勇気がわいてきました。強敵を相手にも怯むことなく立ち向かうことができ、1ラウンドで勝利を収めることができました。

このように、**「感謝の気持ち」にフックをかけられたときは、最強のパワーを発揮できます。**わたしはリングインする前には、必ずルーティンとしてグローブを合わせてお祈りをしていました。

しかし心の状態が伴わず、形だけのお祈りしているときは大抵ボコボコにされます

（笑）。形式的に感謝していただけでは、力は発揮できないのでしょう。

逆に、この試合のように、**感謝の想いが自然と溢れてくるほど心から感謝することができたときは、結果もしっかりついてきました。**

ここまで支えてきてくれた人たちや、試合会場に応援に駆けつけてくれた人たち、会場を一生懸命設営してくれたスタッフの人たち、そしてこれから戦う相手。わたしに関わってくれているすべての人に対して、**心の底から「ありがとう」という想いを持つと、大きな勇気が湧き出てくるのです。**

感謝の力は最強です。

すべての人に「感謝の気持ち」を持つことができれば、きっとあなたは最強のパワーを発揮することができるでしょう。

まとめ

FIGHT NESS

すべてのことに感謝しよう。「感謝」のパワーは最強の力を引き出してくれる。

想定外を想定するのが良い準備

これまでわたしは、自分の体よりもひと回りもふた回りも大きな相手と戦ってきました。しかも世界のトップファイターばかりです。

そのような強敵が相手ですから、当然、しっかり対策を立てて試合に挑んできました。しかし、実際にリング上で戦ってみると、想像以上にスピードがあったり、想像以上に力が強かったりと、自分のイメージをはるかに超えるすごい選手がたくさんいました。すると、それまで考えていたプランが一瞬で消え去り、途端にパニックに陥ってしまいます。**「想定外」の出来事に、何をして良いかわからなくなってしまう**のです。

それが最も顕著にあらわれてしまった試合がありました。

ハワイの総合格闘技大会「Rumble on the Rock」で対戦したショーン・オヘア選手は、身長が2メートルはあろうかという巨漢のプロレスラーでした。

わたしは「体は大きいが技術はない。相手を倒し、関節技に持ち込めば勝てるだろう」と高を括っていました。

こうして**自分にとって都合の良いイメージだけを抱いてリングに上がった**のですが、いざ試合開始のゴングが鳴ると、ショーン・オヘア選手は想定をはるかに超えるスピードで動き回り、鋭いジャブをわたしに当ててきました。**想定外の出来事に面食らったわたしは、パニック状態に陥り、思考が完全に停止。そのままパンチの連打を浴び、なす術なく敗れてしまいました。**

このように高を括っていると、想定外のことが起きたときにパニックに陥ってしまいます。その点、**強い選手というのは、最悪のケースまでしっかりと想定し、そのための準備を行っています。それが「強い選手ほど臆病」と言われる所以です。**

これはビジネスにおける「リスクマネジメント」も同様です。事業リスクをしっかり把握し、その影響を事前に回避したり、最小に留める対策を行ったりすることは、ビジネスの定石ですし、優良企業ほど「想定外を想定」しているのです。

現役時代に、このような苦い経験をしてきた反省を活かし、引退後のわたしは、より一層用心深く最悪のケースを想定して行動するようになりました。

たとえば、ファイトネスで企業研修に訪れたとき、これからみんなで運動するはずなのに、スーツ姿の人がいる場合があります。また、いまから何をするのかすらわかっていない方がいることもしばしばです。

でも、わたしはパニックに陥ることはありません。なぜなら、「もしかしたら準備してこない人がいるかもしれない」と事前に頭の中で想定しているからです。**すでにイメージができているので、「じゃあどうしたらいいのかな」と、次の対策を冷静に考えることができる**のです。

良いイメージを抱いて自信を持つことはとても大切なことですが、それが「慢心」であってはいけません。慢心は準備が足りていない状態です。**準備とは「最高と最悪」の両方を想定しておくこと。**そのために何をするという行動が一緒になったときに初めて「良い準備」となるのです。

まとめ

FIGHTNESS

「想定外を想定」して、何事も常に「良い準備」をしておけば、何が起きてもパニックに陥ることはない。

「どうしても怖い」は相手目線で乗り切る

ピーター・アーツ戦に話を戻しましょう。わたしは、ピーター・アーツ戦手との試合に向けて、ありとあらゆる準備を行いました。

彼との対戦が決まったときは「よし、ついにピーター・アーツと戦うことができる！」という高揚感を味わいました。

しかし、試合前日のメディア向けの記者会見で、ピーター・アーツ選手と向き合った途端に、その高揚感は消え去りました。

それまで、**幾度となく頭の中で試合運びをイメージし、勝って喜んでいる自分や仲間たちの姿を想像していましたが、実際に本人と対面してみたら、想像以上に大きく、強い恐怖心に襲われてしまった**のです。

記者会見が終わり、ホテルの部屋に戻ってからも、その恐怖心は消えることはありませんでした。長い間、ベッドの中で怖さと戦っていると、メンタルトレーナーの山家さんがわたしに「ワークをやりましょう」と声をかけてくれました。

山家さんに促されて椅子に座ると、次の瞬間に山家さんはわたしにこう言いました。

「大山さん、いまピーター・アーツ選手の中に入ってみましょう」

わたしは言われるがままに、ピーター・アーツ選手の中に入り、彼の気持ちを想像してみる作業を行いました。すると、思いもよらぬことが見えてきます。

「ピーター・アーツ選手は総合格闘技の試合をまだ2戦しか経験していない。きっとわたしのような小さい選手と戦ったこともない。しかもわたしは足関節を得意としている。彼にとっては未知の戦いになる。絶対に彼はナーバスになっている」

ということに気がついたのです。

さらに記者会見のときのことを思い出してみました。

記者会見では「フェイスオフ」といって、互いに向き合いファイティングポーズを取りながら写真を撮る儀式のようなものがあるのですが、彼はわたしに思ったほど近づいてきませんでした。もう一歩近づかないと写真にうまく写らないのですが、彼はほんの少し距離を置いてファイティングポーズを取っていたことを思い出しました。すると、わたしの中でピーター・アーツ選手の心境が確信めいたものに変わりました。

「ピーター・アーツ選手は、わたしのことをすごく警戒してる」と気づいたら、急に気持ちがすーっとラクになり、恐怖心がものの見事に払拭されたのです。

このワークの目的は**「マインドチェンジ」**でした。**相手の気持ちになってみることで、漠然としていた感情の正体を明確にし、自分のやるべきことにフォーカスを当てる**という作業です。

こうしてわたしが決めたのは「ゴングが鳴ったら、いきなり回転蹴りをしよう」ということ。

しかし、試合では、回転蹴りが見事に外れてしまいます。さらに立ち上がった直後には、ピーター・アーツ選手の強烈な右ストレートをくらってしまいました。

わたしの頭の中は真っ白になってしまいます。

しかし、よろめきながらも、ピーター・アーツ選手の右膝がわたしの頭の横を通過していくのが見えました。

そのときに**「寝技に持ち込むしかない」**と意を決してタックルを仕掛けて、強引に寝技に引き込みました。

一瞬のチャンスを逃さずピーター・アーツ選手の足を掴むことに成功すると、得意の足関節技を決めて逆転勝利を収めることができました。

ピーター・アーツ選手の強烈な打撃を受けてピンチに陥りながらも、自分のやるべきことが明確になっていたのが大きな勝因でした。

もし恐怖心を持った状態でリングに上がっていたら、きっとこのような試合展開にはならなかったことでしょう。試合当日に落ち着いた精神状態を保つことができたのは、紛れもなく前日のワークのおかげでした。

まとめ

FIGHTNESS

「恐怖」「不安」「緊張」がどうしても払拭できないときはマインドチェンジで、やるべきことにフォーカスを当てる。

自分を俯瞰して不安や緊張のバランスを取る

人が生きる上で「恐怖」や「不安」「緊張」といった感情を抱くことは、避けては通れません。スーパースターと呼ばれるような人たちでも、人生において緊張する場面は必ず存在しますし、功績を残してきた優秀なビジネスパーソンでも、不安を抱える日々は存在するでしょう。

そのようなときに重要なことは、**「自分を客観的に俯瞰する」**ことです。

一時的な感情に支配されず、自分自身を冷静に見ることができれば、自分をコントロールすることができます。

2009年のWBC（ワールド・ベースボール・クラシック）の決勝戦は、同点で延長10回表を迎えていました。

ヒットが出れば決勝点、このチャンスを逃せば流れが変わってしまうという場面で、イチロー選手が打席に立ちます。

このときイチロー選手は頭の中で「ここでイチロー選手、打席に入りました」と実況をしていたそうです。

まさに、自分を俯瞰できている状態と言えるでしょう。結果はご存知のとおり、センター前ヒットを放ち、優勝の立役者となりました。

現在のわたしは大勢の人の前で話をする機会が多く、緊張してしまう場面も多々あります。このようなときは、イチロー選手と同じような作業を行うことにしています。

「このプレッシャーって現役のときのあの試合が100だとしたら、いまはどれぐらいかな。いまは20くらいだな。じゃあ大丈夫だな」

というように自分を俯瞰してみると、自分をコントロールできるようになり、いまやるべきこと（ルーティンやプロセス）に集中できるようになります。

これまでの経験から感じるのは、「わたしたちにとって、**恐怖や不安という感情も最高のパフォーマンスを発揮するためには必要**なのではないか」ということです。

人によって比率は変わるかもしれませんが、わたしの場合、**ワクワクした感情と不安な感情の比率は7対3くらいが、パフォーマンスを発揮できる目安**です。

このバランスに実はとても重要で、不安の度合いが極端に大きくなってしまうと、周りが見えなくなり、自分をコントロールできなくなってしまいます。みなさんも、もしそのような状態に陥りそうになったときには、いまの自分を第三者的な目線で俯瞰する作業を行ってみるようにしてください。

まとめ

FIGHTNESS

緊張している事実を受け入れ、俯瞰することで、自分を正しい方向へコントロールしていく。

行動が動機を
強化する!!

第4章

人に対する反応を意識する

自己対話で自分の中の嘘をなくす

ポジティブな思考や発言が人を幸せな気持ちにすることは、わざわざ言わなくても多くの人がご存知だと思います。わたしも以前から、できるだけポジティブな発言をするように心がけてきました。

しかし、脳内は常にポジティブというわけにはいきません。

たとえば、お店の店員さんの接客がよくないと感じたときには、「あの店員さん、なんか感じ悪いな」とか「もう少し丁寧に対応してもいいのにな」と頭の中でネガティブな会話が繰り広げられてしまうものです。

仮にそこで発言をポジティブにしてみたところで、自分に嘘をついているだけ。**みなさんは、ポジティブな発言をする大山峻護を評価してくれますが、わたしの頭の中では、ネガティブな言葉を発していることに、強い違和感を抱いてしまいます。**

また、こんな話もあります。わたしは小学6年生のとき、家族でアメリカへ旅行したことがありました。ただ、親に高いお金をかけて連れて行ってもらったにもかかわらず、わたしは現地の景色をほとんど覚えていません。

なぜなら、頭の中では、「次の大会で優勝しなければ」と、アメリカ旅行とはまったく別のことを考えていたからです。

上辺ではアメリカの素敵な景色を目の前にほほ笑んでいながらも、わたしの心はアメリカには存在していませんでした。どこか自分や家族を裏切っているような心境で、これでは楽しい旅行になるはずもありません。

このようなことに気づいて以来、わたしは、**脳内での会話に耳を傾け、ネガティブな会話をしている自分にストップをかけること**を心がけるようにしています。

第1章でも少し触れましたが、**自分が発信する言葉を、一番近くで聞いているのは自分自身なので、自分に嘘がないように、「自己対話」をする**ようなイメージです。

これができれば、自分の中に嘘がなくなるので、まず後ろめたさがなくなりますし、周囲の人の反応も変わり、だんだんと良いコミュニケーションが取れるようになってきます。

日々の生活の中でわたしたちは、目の前の景色を見ているようで、実は見られていないことが多々あります。夫婦で綺麗な風景を見ているとき、その景色を心から楽しめているでしょうか。家族でおいしい料理を食べているとき、別のことを考えてはいないでしょうか。

自分の発言や行動と自分の脳内を一致させることができれば、もっと豊かな人生を送ることができるでしょう。

そのためにも「自己対話」を大切にして、自分の中の嘘をなくすように心がけてみてください。

まとめ

FIGHT NESS

自己対話で自分の中の嘘をなくしていけば、他社とのコミュニケーションがより良いものなってくる。

相手を変えたければまず自分が変わる

多くのアスリートは、試合前に必ず行うルーティンを持っています。先にも触れましたが、わたしも現役時代は試合前になると必ずお祈りをし、すべてに感謝の気持ちを捧げてからリングに上がるようにしていました。

格闘技の試合には、必ず対戦相手が存在します。

相手選手は、決してわたしの思い通りには動いてくれません。だからこそ、自分が主導権を握れるよう、ルーティンを行い、自分をコントロールするのです。

この相手ではなく自分をコントロールするということがわたしの人生で大きく役に立ったのは、実は引退してからでした。

わたしが企業に対して、初めて「ファイトネス」の研修を行わせていただくときは、必ずと言っていいほど「不穏な空気」が会場を包み込んでいます（笑）。

ピチピチのTシャツを着た男が大きなスーツケースを引きずってオフィスに現れ、おもむろにスーツケースからたくさんのボクシンググローブやミットを出して準備を始めるのですから、おかしな雰囲気になるのも無理はありません。

しかし、このような雰囲気のままでは、研修の目的を達成することはできません。ファイトネスの研修を取り入れる企業の目的は、社員のみなさんに笑顔で楽しんでもらい心も体も健康的になってもらうこと、そして社員のみなさんのチームワークを良くすることだからです。

そこで**わたしが最初に行うのは「自分が研修を楽しむこと」**です。

相手を変えようとするのではなく、まずは自分自身を変えてしまうわけです。すると研修を受けている方々も、いつの間にかわたしと同じように、楽しそうに研修を受けてくれるようになります。同じ空間にいるわたしたちは、きっとどこかで感情がつながっているのでしょう。

この方法は人間関係を良くするためにも役立てることができます。

「この人と仲良くなりたい」と思ったら、まずは自分からその人を好きになる。すると相手も好意を感じてくれるため、仲良くなりやすいのです。

このように、**「相手にこうしてもらいたいな」「周りがこんな感じになればいいな」と思うようなときは、相手をコントロールしようとするのではなく、まずは自分をコントロールしてみてください。**そうすると、周囲とのコミュニケーションは格段にうまくいくようになるはずです。

わたしはこれまで、自分を変えたことによって、相手が変わる瞬間を何度も見てきました。

「相手を変えたければ、まずは自分を変える」

これがコミュニケーション力を高める秘訣なのです。

まとめ

FIGHT NESS

相手をコントロールしようとするよりも
自分をコントロールして相手を変える。

心からのリスペクトは自分のパフォーマンスも上げる

わたしが対戦してきた選手の中で、最も感銘を受けた人がサム・グレコ選手でした。彼は「拳獣」の異名を持った、強烈な打撃が持ち味の極真空手出身の選手です。

サム・グレコ選手と戦うまでのわたしは、対戦する相手に対して敵意をむき出しにし、「やってやる」「ぶっ倒してやる」と尖った発言ばかりを繰り返していました。

いま思えばわたしの中にあった「自分さえ良ければいい」「自分さえかっこ良ければいい」という考えがそのような発言にもあらわれていたように思います。

しかし、サム・グレコ選手はわたしと向き合っても、敵意をむき出しにしてくることはまったくありませんでした。

むしろその真剣な表情からは、**相手選手に対する尊敬の念が伝わってきました。** サム・グレコ選手は空手出身ということもあり、武道の精神や礼儀を非常に大切にする選手だったのです。

わたしは、**彼の試合前や試合後の立ち居振る舞い、向き合う表情、醸し出すオーラなどを通じて「心」のあり方を学ぶと同時に、それまでの相手選手に対する向き合い方を反省しました。**

肝心の試合のほうは、1ラウンド終盤にサム・グレコ選手の強烈な膝蹴りをくらって、豪快にノックアウト負けを喫してしまいました。

しかし、わたしはその対戦をきっかけに、相手選手のことを、それまでの**「ぶっ倒してやる対象」**ではなく、**「苦しい思いをして練習をし、命をかけてお客さんたちの前で一緒に戦ってくれる仲間」**だととらえて試合に挑むことができるようになったのです。

それからというもの、**相手をリスペクトするような心境で試合を迎えることが本当に心地良いと感じるようになり、不思議と自分のパフォーマンスも上がるようになっていきました。**

実際にサム・グレコ選手と対戦後のわたしの勝率は、以前よりも大きく上がりましたし、ピーター・アーツ選手を倒した試合も、彼と対戦した後の話です。

このようにわたしの価値観が大きく変わったのは、サム・グレコ選手が本気でわたしと向き合ってくれたからに違いありません。

本当の「リスペクト」の大切さをわたしに教えてくれたサム・グレコ選手には、いまでも感謝しています。

まとめ
FIGHT NESS

相手を心から「リスペクト」できれば自分のパフォーマンスも上がる。

心を開くために体を開く

人は、不安や疑い、警戒心などを抱くと、無意識に自分の体を守ろうとします。その代表的な所作が、腕を組んだり、足を組んだりすることです。

はじめにでもお伝えしたことですが、もしもあなたが大切な商談を行っているとき、腕を組んだり、足を組んだりしながら相手の話を聞いていたとしたら、あなたは無意識に相手を警戒しているのかもしれません。

このようなときは、**自分の体を相手に対して開いてあげましょう。**

具体的には**背筋を伸ばし、目線を上げ、口角を上げてにこやかに**していれば、きっと相手の人から「話しやすそうな人だな」と好意を持ってもらうことができ、商談もスムーズに進むはずです。

わずかな違いのように感じるかもしれませんが、これを行うだけで相手に与える印象は大きく変わります。

体を開くようにすると自然と心も開き、商談相手に対してオープンな印象を与えることができます。すると、商談相手も心を開いてくれることでしょう。

このように、体の使い方を通じて心をコントロールすることを**「フィジオロジー」**と呼びます。

少し思い起こしてもらいたいのですが、あなたの周りには「自信に満ち溢れている人」はいませんか。**その人は生まれつき自信があったわけではありません。自信を生み出す体の使い方をしているのです。**

そしてその積み重ねが「本物の自信」に変わり、さらに自信をつけていく。この好循環により自信が漲ってくるのです。

このフィジオロジーをもう一段使いこなそうと思うなら、理想の自分を演じてみることをオススメします。あなたの理想の人、憧れる人、目標とする人がどのように体を使っているのかをよく観察し、それを真似してみてください。

最初は意識しないとできなくても、だんだん無意識にできるようになり、習慣化することができるでしょう。

若い頃のわたしは、周囲の人とうまくコミュニケーションを取ることができなかったため、友達もほとんどいませんでした。

常に満たされていない心理状態とでも言うのでしょうか？　まるで乾いたスポンジのように「あれも欲しい！　これも欲しい！」と何かを求め続け、心が乏しく、決して豊かな人生ではありませんでした。

しかし、いまは違います。いつも大切な人たちに囲まれて、本当に人生が楽しいと思えるようになりました。結局、人生を豊かにしてくれるのは、人とのコミュニケーションです。

仕事においてもプライベートにおいても、良好な人間関係を築くことができればきっと、人生は大きく変わるでしょう。**人生を豊かにするためにも、まずは体を開くことを意識してみてください。**

まとめ
FIGHT NESS

体が開けば心も開く。
自分が心を開けば相手の心も開く。

プラスのストローク(反応)を相手に送る

みなさん、「ストローク」という言葉をご存知でしょうか。

ストロークとは主に心理学の世界で使われる言葉で「自己または他者の存在を認める働きかけ」のことを言います。**人間をはじめ、多くの生き物は相手からの反応を欲しがっています。**犬は人間にかまってもらいたくて擦り寄ってきますし、そこで頭をなでてあげると喜びます。

逆に**一番辛いのは、相手からの反応がないこと。**どんなにお金を持っている人でも、どんなにすごい実績を持っている人でも、みんな相手からの反応を欲しているのです。

わたしは、現役時代に、ミット打ちのトレーニングからストロークの大切さを学びました。ミットを持ってくれるトレーナーの反応によって、自分のモチベーションが大きく変わるのです。

トレーナーのタイプも様々ですが、**わたしが良いトレーナーだと感じる方に共通していたのは、ストロークの投げ方が上手だということでした。**

パンチを打っても反応がないトレーナーでは、こちらもまったくエンジンがかかってきません。また、反応があったとしても「それは違う」「それじゃ効かないよ」というようなネガティブな反応ばかりをされると、自分のパフォーマンスはどんどん悪くなっていきました。

逆に、**良いトレーナーは、「いいよ!」「もっと!」といった言葉を巧みに操って、わたしのモチベーションを上げ、持っている能力を最大限まで引き出そうとしてくれました。**言い換えれば、トレーナーはプラスの「ストローク」を送ることで、わたしを前向きにしてくれていたのです。

このプラスのストロークは、普段の生活でも使うことができます。

たとえば、よく行くお店の店員さんにコーヒーを持ってきてもらったときに、「おいしいコーヒーをいつもありがとうございます」というストロークを投げていたら、きっと店員さんの表情はどんどん明るくなっていくことでしょう。

また、挨拶も実はストロークのやり取りですので、職場での挨拶を元気良く「おはよう」と言ったり、「今日も良い天気だね」とほほ笑んでみたり、ポジティブなものに変えていくと、きっと職場の雰囲気も変わっていくはずです。

ストロークというのはなにも言葉だけではありません。目線や体の向き、体の動かし方もストロークですし、ＳＮＳでの「いいね」や「シェア」などもストロークのやり取りの一種と言えるでしょう。

ポジティブなストロークを放てば、それは相手にも届き、巡り巡って自分のところに戻ってきます。

ぜひみなさんもポジティブな「ストローク」を相手に送るように心がけてみてください。もし、ポジティブなストロークに後ろめたさのようなものを感じるようであれば、自己対話（１４４ページ参照）で自分を客観視してみるといいでしょう。

まとめ

FIGHTNESS

プラスのストロークを相手に送れば、自分にも必ずプラスのストロークが返ってくる。

ストロークには思い（心）をのせる

先ほどミット打ちのお話をしましたが、もう少しその話を続けます。
わたしたち人間は常に相手の「反応」を欲しがる生き物であり、反応次第で大きく変わる生き物である。このことを強く実感するようになったのは「ファイトネス」をやるようになってからです。

現役時代のわたしはミットをめがけてパンチを打つ側の立場でしたが、引退してからはパーソナルトレーナーとしての活動や「ファイトネス」を通じて、多くの方のパンチを受ける立場になりました。

そのときに気づいたことが、**ストロークには心が必要だ**ということです。

わたしが行う「ファイトネス」の研修では、最後に必ずみんなでミット打ちを行うのですが、そこでは大人たちが互いにストロークをかけ合いながら、イキイキとした表情でミット打ちを行っています。

ミットを持つわたしが何も反応しなかったら、パンチを打っている人のパフォーマンスはどんどん下がっていってしまいます。

逆に、良いところを見つけて「いいね！」「素晴らしいね！」と言ってあげると、パンチを打つ人の瞳は輝き、やる気に満ち溢れた表情に変わります。すると、その人の体から躍動感が伝わってくるようになり、パンチもだんだん威力が増してくるのです。

ただ、**ここで注意して欲しいのは、口先だけでストロークを与えてしまわないようにすること。言葉に心がなければ相手には伝わりません。大切なのはもう一歩踏み込み、相手のことを考えてストロークを与えてあげることです。**

たとえば、「いいね！」と褒めるにしても、相手のことを100％考えているストロークと、相手のことをまったく考えていないストロークでは、相手の受け止め方が大きく異なります。相手のことを考えた「いいね！」の場合は「いまのパンチ、腰も切れていてめちゃくちゃいいですね、素晴らしいです！」などと投げかける言葉も変わりますし、イキイキとした表情で伝えているはずなのです。

相手のことを考える気持ちがあれば、「どんなストロークを与えたら、この人は伸びるかな」と想像を膨らませることができるでしょう。まさにトレーナーの心境です。

人によっては、厳しく言われて伸びる人もいますし、褒められたほうが伸びる人もいます。いずれにせよ、相手を考える気持ちさえあれば、相手にもプラスのエネルギーは入っていくはずです。

本当に気持ちを伝えたいのなら、相手への思いを100%のせてあげることです。

まとめ
FIGHTNESS

ストロークを与えても相手が変わらないときは、自分のストロークに思いがのっていないと考えよう。

プラスのストロークは自分にも与える

ストロークが欲しいのであれば「まずは自分から相手に与えてみる」。これと同じぐらい大事なのが**「自分にストロークを与える」**ことです。しかし、多くの人がこれをできていません。現役のときのわたしは、自分に対して良いストロークを与えることができていませんでした。「なんで認めてくれないんだ」「俺なんかダメだ」と脳内では常にネガティブな会話が繰り広げられていたのです。

そのような自分自身とのコミュニケーションは、他人とのコミュニケーションにもあらわれてしまいます。**自分を認められないから、他人を認めることもできず、自分のことを悪く言っていたから、他人のことも悪く言ってしまっていました。**すると人間関係もうまくいかなくなり、試合もうまくいかなくなり、しまいには怪我を繰り返してしまっていました。とにかく**わたしの心と体には、負のコミュニケーションがぐるぐると渦巻いていた**のです。

しかし、現役を引退してから、これまで**自分がやってきたことを一つひとつ認めていく作業**を行いました。過去のダメな自分を振り返り、ようやく自分のことを認められるようになると、周りとのコミュニケーションが格段に良くなっていきました。

するとファイトネスを採用していただく企業が増え、わたしの引退後の人生が一気に輝き始めました。そのときに気づいたのです。**ストロークを一番与えてあげなければいけないのは自分自身だった**ということに。

みなさんも、自分がやってきたこと、自分の性格、自分の存在をもっと受け入れて、認めて、褒めてあげてください。わたしが行っているファイトネスでは、**「自分に対して良いストロークを与えましょう」**ということを研修のテーマにしています。

その理由は、最終的には、自分とのコミュニケーション、自分自身へのストロークができるようになってもらいたいからなのです。

まとめ

FIGHTNESS

自分にプラスのストロークを与えてみよう。それができればあなたの人生は輝き出すはず。

表情・視線・呼吸を感じ最高のストロークを放つ

ここまでストロークの話をたくさんしてきましたが、「良いストローク」とはどのようなものなのか、もう少し考えてみたいと思います。

ここでもミット打ちを例にしてお話ししましょう。


ミット打ちを行うとき、パンチを打つ人には、心地の良い距離感やタイミングがあります。その距離やタイミングは人それぞれなので、パンチを受ける人が合わせてあげる必要があります。

「さっきの人は遠めだったけど、この人はもう少し近い距離で受けてあげたほうがいいな」「この人はもう少しミットの位置を高くしたほうがいいかな」

などといった具合に、相手のことを考えながらパンチを受けてあげると、パンチを打つ人は気持ち良くミット打ちを行うことができるようになります。

では、パンチを受ける人は、どこを見て「相手が心地良い」と判断するのでしょうか。わたしたちのようなプロのトレーナーは、相手の**「表情」や「視線」、「呼吸」**などに注目しつつ、相手のことをよく観察しています。

相手の心や体の状態を感じ、それに応じて最高のタイミングで最高のストロークを投げかけるようにしているのです。

このように、「相手を感じる」ということを、わたしは様々なシーンで実践しています。たとえば、ファイトネスの研修中に「Ａさんがさっきからあまりペアを組めていないな」と気づいたときには、Ａさんに声をかけてあげたりしますし、その場の空気感が悪ければ、流す音楽を変えることもあります。

「次のメニューはこれのほうがいいな」と思ったら、予定していたエクササイズを急遽変更することだってもちろんあります。

ファイトネスでは、相手のこと、参加していただくみなさんのことを感じながらエクササイズを行ってもらうようにしているのです。

この**「相手を感じる」「相手を気にかける」**という部分は、わたしがとても大切にしていることの一つです。

「愛の反対は憎しみではなく無関心です」というマザー・テレサの有名な言葉がありますが、まさにその通りだと思っています。

わたしは現役を引退したとき、寂しい思いをしたことがありました。

現役時代にわたしのことを気にかけてくれた人たちの多くが、引退した途端に、わたしのことを見向きもしてくれなくなりました。

もしかしたら気を使ってくれていただけなのかもしれませんが、わたしは一抹の寂しさを感じました。そのときに、周りの人からの「次は何をやるの?」「今後はどうしていくの?」という一言があれば、きっとそのような寂しさを感じることはなかったでしょう。

その経験があるから、わたしは、なるべく友人に対して、メールなどでメッセージを送るようにしています。**相手に関心があること、愛があることを伝えるのはとても大切なこと**なのです。

ここまでのお話で、その時々に応じて、相手に投げかける「ストローク」はたくさんあることがわかっていただけたのではないでしょうか。

この章ではトレーナーを例に出してお話をしてきましたが、これは何も難しいことではありません。なぜならその**根本は、「どうしたら喜んでくれるかな」という相手に対する思いやり**だからです。

相手の立場になって物事を考え、相手のことを感じるからこそ、その時々に応じたアクションを起こすことができる。

「良いストローク」とは、「相手の心や体の状態を感じ、相手にとって最高のタイミングで、相手にとって最高の反応を送ること」です。

みなさんも職場や家庭で、プロのトレーナーの気持ちになりきって、最高のストロークを与えてみてください。

まとめ

FIGHT NESS

相手の心や体の状態を感じ、相手にとって最高のタイミングで、最高の反応を送る。

相手を感じるペアトレーニング

相手を感じることの大切さを体験していただくために、普段、ファイトネスでペアを組んで行っているトレーニングを2つほどご紹介しておきましょう。

これらのトレーニングは、いずれも一人ではできないものです。ご家族、パートナー、友人、職場の同僚などなど、まずは気兼ねなくできる相手を選び、相手を感じ、相手を受け止め、呼吸を合わせて行ってみてください。

コミュニケーションが希薄になりがちな現代社会だからこそ、**言葉だけではなく、相手の表情や、呼吸、空気などから相手を体で感じてみる**ことができるこのトレーニングで、あなたの中に眠っている動物の本能が呼び覚まされるかもしれません。**職場のみなさんで行えば、チームビルディングにも役立つ**ことでしょう。

● ペアトレーニング① 相手を感じて立ち上がる

このエクササイズは、身長も体重も異なる人同士が、背中合わせになり、相手を背中で感じながら、同時に立ち上がるトレーニングです。

お互いに手を使うことができないため、相手の背中に自分の体重を預けることになります。ですので、**相手を信頼し、相手を思いやり、タイミングを合わせながら行う共同作業**ということがこのトレーニングのポイントとなります。

相手を感じて立ち上がる

① 背中合わせで床に座り、お互いに手を組み合う。足は伸ばした状態から始めるとなお可

② 相手の背中に自分の体重を預け、タイミングを合わせて立ち上がる

●ペアトレーニング② 呼吸を合わせ交互に握手

次は体格の異なる人同士が、お互いを支え合い扇のような形をつくるエクササイズです。握り合った手や、相手の表情を感じ、相手に体重を預けます。**体が大きい人のほうが、体の小さい人を支える気持ちが必要となります。**お互いに体重を預け合い、ちょうどバランスが取れたところでピタリと静止することができれば成功です。

呼吸を合わせ交互に握手

① 向かい合ってお互いのつま先をくっつける。お互いに手を握り、足の位置は動かさずに、それぞれ後方に体を倒す

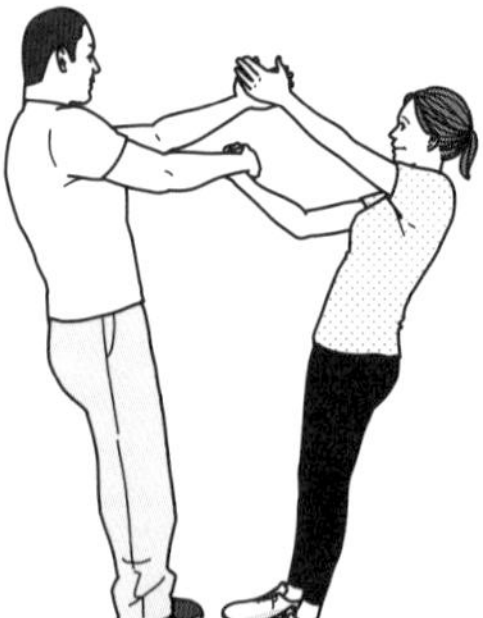

② 相手に自分の体重を預け、お互いが支え合ったタイミングで静止する。さらにその状態で、「せーの」と声をかけ合って、右手と左手を入れ替える

第5章

見えない力を整える

喜びのイメージを描き「予祝」する

みなさんは**「予祝」**という言葉をご存知でしょうか。

予祝とは、文字通り、あらかじめ祝うこと、**未来の姿を想像して先に喜び、祝ってしまうことで現実を引き寄せてしまおうという考え方**です。

このような風習は、日本人は古来から行ってきたことで、たとえばわたしたちが春になると行う「お花見」は、秋の豊作を願って行ってきたものです。

一番大切な「喜びの感情」をもとにして、直接見ることのできない事柄や現象、理想の未来の姿を頭の中でイメージし、夢が形になって「やったー！」と言って仲間たちと一緒に喜んでいる姿を思い描くことで、それを現実にしていくのです。

それが見事にハマったのが、前にも紹介した２００５年の大晦日に行われたピーター・アーツ選手との試合でした。

その試合の約7ヶ月前に、わたしはメンタルトレーナーの山家さんに「自分の思いが形になって一番ワクワクすることを教えてください」と聞かれました。

当時のわたしにとって、一番ワクワクする目標は、「人生を変えること」でした。それまで戦った「PRIDE」という夢の舞台では、1勝5敗という戦績で、落第生となってしまったため、当時は「なんとかして自分の人生を変えたい」と強烈に願っていたのです。

そこで頭に浮かんだのが、「日本の格闘技が一番盛り上がる大晦日の大会で、ピーター・アーツ選手と戦って勝つこと」でした。

ピーター・アーツ選手といえば、当時、格闘技の世界で最も有名な外国人選手の一人で、まさにスーパースターの名を欲しいままにしていた選手です。

ピーター・アーツ選手に勝つことができれば人生を変えられるのではないかと考えたわたしは、そのことを山家さんに相談します。

すると山家さんは「やりましょう」と言って、わたしの描いた目標を真摯に受け止めてくれました。その一言で、わたしはまるで「ぶわーっ」と細胞に火がついたかのように、次々と行動を起こしました。

頭の中は、いつもピーター・アーツ選手に勝つことばかり。早朝のランニングでは、毎朝ピーター・アーツに勝って雄叫びをあげ、みんなが喜んでいるシーンを思い浮かべながら走りました。

もちろんこの間、118ページで紹介したように、頭の中のノイズを一つひとつ消していったこともプラスに働き、わたしの頭の中のイメージはどんどん鮮明になっていきました。

そして、**ふと気がつくと、日常生活の中でもわたしはピーター・アーツ選手を倒すシーンばかりを想像していた**のです。何回も何回も頭の中で同じイメージをリピート再生し、ただただワクワクしていました。

このように妄想していると、次は**「コンディションを上げるためには何ができる?」**と考え、次の行動が思いつくようになります。

するとその行動が、わたしの**「ピーター・アーツ選手に勝ちたい」**という動機をさらに強化してくれます。するとまたモチベーションが上がります。まさに行動が動機をどんどん強化していく状態です(121ページ参照)。こうして**わたしはうまくプラスのサイクルにハマっていった**のです。

試合は、これまでもお伝えしてきたように1ラウンドで勝利し、まさに描いていた通りの結果になりました。実はわたしが「予祝」という言葉を知ったのは、現役を引退した後のことでしたが、**ピーター・アーツ選手と戦う前のわたしは、知らず知らずのうちに予祝を行っていた**のでした。

先に「喜びを描く」ことにより、わたしは大きな成果を残すことができました。夢や目標を達成した瞬間を鮮明に思い描くことで、現実を引き寄せたのです。

みなさんも、もしいま達成したい夢や目標を持っているなら、ぜひ「予祝」を試してみてください。

まとめ
FIGHTNESS

「予祝」のワクワクのイメージが夢や目標を現実のものへと変えるパワーとなる。

心の純度が高いほど多くの人が応援してくれる

わたしは「心の純度」という言葉をとても大切にしています。なぜそう思うようになったのかを説明するには、ある友人のお話をしなければなりません。

その友人とは、ひすいこたろうさんと『前祝いの法則』（フォレスト出版）を書いた大嶋啓介さんです。

大嶋さんは、２００４年に居酒屋から日本を元気にすることを目的に居酒屋「てっぺん」を設立し、てっぺん独自の「公開朝礼」がテレビや雑誌等で取り上げられて話題になりました。

２００６年には居酒屋業界全体の活性化を目的に、ＮＰＯ法人居酒屋甲子園を立ち上げ、２００７年には外食産業に最も影響を与えた人に贈られる「外食アワード」を受賞。「日本中に夢を広めたい」という熱い想いのもとに、企業や学校など全国で講演活動にも励み、活躍の場を大きく広げています。

最近はスポーツのメンタルにも力を入れていて、特に大嶋さんが関わった高校ではなんと22校が甲子園に出場を果たし、スポーツの世界でも大嶋さんの名前は多くの方に知れ渡ってます。

その大嶋さんが無邪気に「これやろうぜ、あれやろうぜ」と言うと、全国から人が集まってきて、たくさんの人が大嶋さんを応援します。

つい先日も、「子どもたちに夢を与えたい」と、オンライン講演会で1万人を集めることを目標に掲げると、みんなが応援し、実際に1万人以上の参加者を集めてしまいました。

わたしは、「なんでこんなにもみんなが大嶋さんのことを応援するのかな」と思いながらその姿を見ていたのですが、そこで気がついたのは**大嶋さんは常に「心の純度」が高い**ということでした。

「何かやろうぜ」という大嶋さんの言葉には打算がありません。多くの人は損得勘定をしてしまうものですが、**大嶋さんの場合は、「みんなに喜んでもらいたい」という純度**

がとても高く、打算が感じられないのです。

一方で、わたしはどうなのかと自分自身を振り返ったときに、大嶋さんほど心の純度が高くないことに気づかされました。

たとえば、タクシーの運転手の態度が悪かったら「なんだか態度が悪いな」と思ってしまい、それを頭の中でリピートしてしまうことがありますし、現役時代を振り返ってみると、いつもネガティブな言葉が頭の中を飛び交っていました。

わたしは大嶋さんと接するうちに「**心の純度が高ければ高いほど、人がついて来るのではないか**」と感じるようになりました。

そして「**もっと目には見えない人の気持ちの部分を大切にしていくことが、心の純度を高めることにつながるんじゃないか**」と考えるようになったのです。

そのことに気がついてからは、できるだけ自分のことを客観視し、心の純度が高い状態を保つように心がけてきました。

こうして意識して自分を正していると、だんだん意識せずとも心の純度を保つことができるようになってきます。自分で言うのもおこがましいのですが、最近は性格も優しくなってきたように思います（笑）。

また、少し前になりますが、稲盛和夫さんの著書『心』（サンマーク出版）を読んだとき、その中に書かれていた**「善なる動機は成功に導く」**という言葉に、胸を打たれました。

これは「心の純度」ともリンクするのですが、わたしはその本から人は純粋な動機で動いたときこそ、大きな力を得られるということを改めて教えてもらいました。

わたしのような凡人は、気を抜くとすぐに損得に走ってしまいます。最初はピカピカの純粋な動機だったはずなのに、だんだんと純度が落ちてくるのです。

だからこそ、意識的にハンドルを戻す作業が必要で、**多くの人に喜んでもらいたいからこそ、常に善なる動機に立ち返るという作業を意識して行わないといけない**んじゃないかと思っています。

自分が放ったエネルギーは、最後は自分に跳ね返ってくるもの。

きっと、現役時代から心の純度を高めていたら、もっとたくさんの方が背中を押してくれて、もっと力を発揮できたかもしれません。

わたしの場合は気づくのが遅かったかもしれません。しかし、結果的に、40代半ばを過ぎてからでも、自分の性格を変えることができました。

もし、この本を読んでくれているみなさんの中に、自分も変わりたいと思っている人がいるのなら安心してください。

ジェラシーや劣等感にがんじがらめになっていたわたしにできたのですから、あなたもきっとできるはずです。

まとめ

FIGHTNESS

心の純度が高ければ高いほど良いエネルギーを生み、大きなパワーとなって自分に返ってくる。

心の純度を高める
自分への信頼の積み重ねが

「心の純度」を高める方法はそんなに難しいことではありません。では、実際にどうしたらいいのでしょう。

わたしは「人が見ていないときに何ができるか」をとても大切にしています。なぜなら、誰も見ていないとしても、自分だけは自分を見ているからです。

たとえば、人が見ていないからと、万引きしてしまったとします。するとそれが誰にも見つからなくても、そのようなことをしてしまった自分をどこかで許すことができないはずです。それはインターネット上での書き込みでも同じ。匿名だからと人の悪口を書いたり、誹謗中傷をしたりして誰かを傷つけてしまったら、他人は誰がそのようなことを書いたかわからなくても、自分だけはそれを知っていて、無意識のうちに自己否定をしてしまうんじゃないでしょうか。

そして、そのようなことを繰り返していれば、自分自身を信頼することはできなくなります。**結局は自分の行動の積み重ねが、自分の信頼につながっているのです。**
「情けは人のためならず」という言葉は、「人に対して情けをかければ、それは巡り巡って自分に良い報いとして跳ね返ってくる」という意味ですが、本当にその通りだと思います。

わたしはボランティア活動にも積極的に参加していますが、ボランティアも同様でしょう。なかには、ボランティアを「偽善だ」と言う方もいます。でも、わたしはそれでいいと思っています。ボランティア活動を行うことによって「自分にもこんなことができるのか」といった喜びが得られます。**誰かが喜んでくれて、自分自身も喜びを味わえるのですから、ボランティアは自己犠牲ではなくて、W－I－N－W－I－Nなんだと思います。**誰も見ていなくても、一番近くで「自分」が見てくれている。だからこそ善なる動機で、行動すれば自然と心の純度が高められるのです。

まとめ
FIGHTNESS

誰一人あなたの行動に気づいていなくても、「自分」だけは気づいている。

おりこうさんじゃなく
バカになれ！

わたしは未来をより鮮明に描くことで、ピーター・アーツ戦に勝利することができたわけですが、このお話をすると「なぜピーター・アーツ選手と戦おうと思ったんですか？」と聞かれることがあります。その理由は先にもお話ししたように「人生を変えられる」と思ったからですが、突き詰めて考えるとわたしが彼と戦う姿を想像できたのは、**アントニオ猪木さんの言葉**があったからかもしれません。

「大山くん、君はバカになれるか？」

この言葉は、わたしがＰＲＩＤＥに出場していた頃に、アントニオ猪木さんと初めてお会いした際に、かけてもらった言葉です。
まさに猪木さんらしい言葉だと思います。

ピーター・アーツ選手と戦うことを決めたときのわたしには、実力も実績もありませんでした。無名の格闘家が、日本中の視線が集まる年末のビッグイベントの舞台に立ってスーパースターと戦おうというのですから、きっとわたしはアントニオ猪木さんの言う「バカ」になることができていたのでしょう。

もしもわたしが反対に「おりこうさん」だったら、ピーター・アーツ選手と戦って勝つというような目標は思いつくことすらなかったはずです。

ここで言う**「おりこうさん」とはどのような人かというと、過去の実績から未来を決めてしまうような人のこと**を指します。

みなさんは目標を立てるとき、過去の実績を積み上げ、判断しようとしていないでしょうか。**「いままでこれくらいの実績を残してきたから、いまの自分ができるのはこれくらいだろう」と頭の中で計算し、過去の実績で未来を決めてしまうというのは、まさに「おりこうさん」のやること**です。

あのときのわたしは、バカだったからこそ、誰もがびっくりするような目標を掲げ、それを実現することができたのです。

もう一つエピソードをご紹介させてください。

これは10年ほど前の話になると思うのですが、わたしが大嶋さんのイベントに参加させていただいたときのことです。そのイベントに一緒に参加されていた方の中に、とても元気な方がいました。

その方は、自己紹介でいきなりガッツポーズをしながら「世界を変える男になります！」と元気な声で言い放ちました。

そのときわたしは、「この人はいったい誰なのだろうか。本当にそんなことができるのかな」とちょっと引いてしまいました。

ただその後、その方はご自身で開設しているＹｏｕＴｕｂｅチャンネルの登録数をどんどん増やしていき、様々な場で活躍するようになっていったのです。

いまではチャンネル登録数は１００万人を超え、さらに活動の場を広げ、エネルギッシュに夢を実現させていっています。そんな姿を目の当たりにして、わたしはかつて引いた目で見ていた自分がすごく恥ずかしくなりました。

ちなみにその方の名は、ＹｏｕＴｕｂｅ講演家として大活躍をしている鴨頭嘉人さんです。

鴨頭さんとはそれからも仲良くさせていただき、ある事で相談に行ったときなどは、「そんなの簡単、簡単」といつもの快活な調子でアドバイスをいただきました。

鴨頭さんは常々**「根拠のない思い込みは無敵だ」**とおっしゃっています。**根拠のない思い込みは根拠のある圧倒的なエネルギーを持っている**とも。

ご自身も伝説の店長として活躍していた日本マクドナルドを退職し、半年間、講演も収入もゼロにもかかわらず、「将来日本を代表する講演家になる」とずっと思い込んでいたそうです。そこにはもちろんなんの根拠もありません。

ただ思い込むだけで良いのかというとそうではなく、**大事なのは思い込んだ自分像のように振る舞えるかどうか**なのだそうです。

鴨頭さんの場合は、講演や収入がゼロの状態でも常に売れっ子のように振る舞っていたのだとか。先に紹介した「世界を変える男になります！」と元気な声で言い放ったのも、まさにそんな考えからの行動だったのです。

未来を描くことは、わたしたちアスリートの最大の武器です。

わたしのこれまでを振り返ってみても、幼少期から未来を強く思い描きながら、人生を突き進んできました。幼少の頃にはウルトラマンの強さに憧れ、5歳で柔道を始めた後は古賀稔彦さんに憧れ、桜庭和志さんに憧れて格闘技の世界に入りました。何度負けても、どんな大怪我をしても、**「バカ」になりきって、未来を描き続けてきたからこそ、前に進むことができました。**

いま思えば、鴨頭さんも、猪木さんがおっしゃってくれたように「バカ」になりきっていたからこそ、様々な夢を実現してきたのかもしれません。

「おりこうさんじゃなく、バカになれ！」

鴨頭さんは、わたしにとってそういう刺激を常に与えてくれる存在です。

みなさんにも、過去の実績にとらわれることなく、「バカになりきって」理想とする自分の姿を強く描いてもらいたい。心からそう思っています。

まとめ

FIGHTNESS

自分の未来を思い描くなら
おりこうさんじゃなく、バカになれ！

自分のためにではなく人のために

わたしが現役を引退したときに、多くの人が離れていった経験をお伝えしましたが、逆にわたしのことを気にかけてくれた人もいます。元ハンドボール日本代表のキャプテンであり、わたしと同じ国際武道大学の後輩でもある東俊介君です。彼は、現役引退時にわたしに暖かい声をかけてくれた数少ない友人です。

引退を決断したときのわたしは、その後に進むべき道が定まっていたわけではありませんでした。「もしかしたら誰かが手を差し伸べてくれるかもしれない」と淡い期待を持っていたわたしが甘かっただけなのですが、引退して職がなくなり、どんなことをして良いかもわからない、周りもわたしに関心を示してくれない。そんな中で、温かい声をかけてくれたのが東君でした。

彼とは、現役の頃から特別に仲が良かったというわけではありませんでした。しかし、引退したときに「大山さん、○○という情報がありますよ。引退後に○○の経験が活用できるんじゃないですか」と、彼はわたしに何度も連絡をくれました。
さらに「現役中の大山さんの周りには人がいっぱいいいた。だからそのときは必要ないと思っていた。だけど、引退したいまは、僕の出番だと思っています」と言ってくれたのです。当時のわたしは、その言葉がとても心に響きました。自信を持つことができていなかった自分に対して、「こんな言葉をかけてくれる人がいるんだ」と、すごく救われた感覚でした。

心細いときにかけられた一言は大きな「勇気」となります。当時は苦しい思いをしましたが、東君に声をかけてもらえたからこそ、同様に苦境に立たされている人の気持ちを理解することができました。いま思い返すと、あのときの経験は大きな財産です。
もし当時のわたしのように苦境に陥っている人が周りにいたら、できるだけ**「気にかけて」**あげてください。その人にとってそれが大きな力になることがあるのですから。

まとめ
FIGHT NESS

周囲の人を「気にかけてあげる」だけでも、誰かの救いとなることがある。

与えたものは必ず返ってくる それが運の流れ

善なる動機、人のために、自分は自分を見ている、とお話を続けてきました。こうした行動は**「必ず良い運を運んできてくれる」**と信じています。


わたしには次のような経験があります。

それは、２０１１年、親交のあったとあるボクサーの方が、様々な理由が重なり、今後日本では試合ができない状況に陥ってしまっていたときのことでした。

彼は「世界チャンピオンになる」という夢がありましたが、世界チャンピオンになるためには海外で試合をして勝つしか方法はありません。そんな彼に、ようやくオーストラリアで試合をするチャンスが巡ってきます。

しかし、なんの運命のいたずらか、同じタイミングで、彼をサポートしていた企業がスポンサーから撤退することになってしまいました。わたしは彼の口から「スポンサーが下りてしまい、このままでは試合ができない」ということを直接聞きました。

「子どもの頃から世界チャンピオンになることを夢見て頑張ってきて、あとは試合をするだけなのに……」と、わたしはショックを受けました。

そこで自分に何かできることはないかと、いろいろな方に相談を持ちかけたのです。すると、と大嶋啓介さんから「それなら、彼の想いをお前がみんなに伝えてあげて、寄付を募ったらどうか」とアドバイスをいただきました。

わたしは、そのアドバイスをすぐに実行に移し、仲間たちに声をかけていきました。すると、本当に足りなかった資金を集めることができたのです。ボクサーの彼はその資金を使って大会に出場し、見事にチャンピオンの座を掴むことができました。

実はこのとき、わたしの手元には、韓国の総合格闘技団体である「ROAD FC」から、チャンピオンシップ出場のオファーが届いていて、試合直前というタイミングでした。

本来であれば自分の試合に向けて集中力を高めていかないといけない時期だったのですが、**わたしは「何とかしたい」という一心で動いていた**ので、試合の調整と並行して動くことがまったく苦にはなりませんでした。

結果的にその大会でわたしは、チャンピオンになることができました。

自分にとっても大きなプレッシャーを感じている時期にもかかわらず、不思議なことにわたしの心は安定していたのを覚えています。その理由は**「人のために」**と**「善なる動機」**で一心不乱に動けたことがわたしの**自己肯定感を高めた**からだと思います。まさに**「自分のことは自分が見ている」**です。

もちろんチャンピオンになった要因はこれだけではないでしょう。しかし、**これらの行動は良い運の流れをつくることは間違いありません。**

まとめ

FIGHTNESS

「人のために」いかに動けるか？
その行動が良い運の流れをつくる。

生きるエネルギーを生み出す感謝のサンドイッチ

わたしは、**「朝と晩で感謝のサンドイッチ」**を行っています。朝起きたときに、太陽に向かって「今日生きられることに、ありがとうございます」と、自分の周りのすべてに向けて感謝。そして、一日を過ごして自宅に帰宅した後、今度は夜空に向かって「今日も素晴らしい一日を生きられて、本当にありがとうございます」と、再び自分の周りのすべてに向けて感謝をするのです。このように、**朝と晩で感謝のサンドイッチを行うと、その一日が愛おしく感じられるようになってきます。そして、当たり前だと思っていたことも、当たり前ではないということに気づかされます。**

仕事があることも、元気な家族がいることも、大切な仲間がいることも、決して当たり前ではありません。無限に広がる宇宙があり、ちっぽけな地球があり、日本という小さな国で暮らす日常は、何かがあったら一瞬で消し飛んでしまうかもしれません。そのような時代に「今日も平和に生きられた」ことは本当にすごいことなのです。

この「感謝のサンドイッチ」を、心を込めてしっかりと行うことができるようになったのは、実を言うと2018年頃からと最近なのですが、それ以来、いろいろなことがうまくいくようになった気がします。と言っても、いきなり感謝の念を抱くのが難しいと感じる方もいるでしょう。そのような人は、まずは形から入ると良いと思います。わたし自身も感謝のサンドイッチは5、6年前から始めていたのですが、当初はやはり形から入りました。

しかし、これを意識して習慣化すると、やることが当たり前になっていきます。すると、次第に心を込めて感謝の気持ちを抱けるようになってくるのです。**形から入ることで、連動して心にも動きが出てきます**。ぜひみなさんも、感謝のサンドイッチを実践してみて下さい。

ここで、「感謝のサンドイッチ」を実践するにあたり、大切な言葉を一つご紹介しておきましょう。

「大切なのはどれだけのことをしたかではなく、どれだけ心を込めたか」

これは、貧困や病に苦しむ人々の救済に生涯を捧げたマザー・テレサの言葉です。

仕事をするにしても人と会うにしても、お祈りをするにしてもお墓参りするにしても、そこにどれだけ心を込められるかが重要です。
たとえば、わたしは講演会でお話をさせていただく機会があるのですが、いろいろな場所で同じ内容の話をすると、講演会を重ねるごとに言葉がスムーズに出てくるようになります。しかし、スムーズに話をしているにもかかわらず、話を聞いている人たちの心に響いていないときがあります。それは、わたしが全身全霊を込めて話ができていないときです。逆に、緊張していて、うまく話せないときでも、心を込めて一生懸命に話したときは、聞いている方の心に響いていることがあります。話し方がうまいかどうかにかかわらず、「心をどれだけ込めたか」が相手の心に届くには重要なのです。

「感謝のサンドイッチ」はわたしにとって、生きる上での活力を生み出す行為。心を込めて、すべてのことに感謝できるようになれば、自然と人生は良い方向へ進み出すと、わたしは信じています。

まとめ
FIGHT NESS

この世に「当たり前」など存在しない。すべてのことに心から感謝をしよう！

人とつながる努力は惜しまない

わたしは「ご縁」をとても大切にしています。なぜなら、これまでの経験から**「ご縁」は人生を大きく変える「価値」のあるもの**だということを知っているからです。

「ご縁」と似た言葉に「人脈」があります。「人脈」を辞書などで調べてみると、「ある集団や組織の中などで、主義・主張や利害などによる、人と人とのつながり」という意味が記されています。純粋な人のつながりというよりは、何かしらの「利」が絡んでいる人間関係のことを意味するようです。

わたしが大切にしている「ご縁」は、「人脈」よりももっと純粋で、自発的なつながりです。人とのつながりを「つくる」のではなく、「恵まれる」というような感覚に近いのかもしれません。

わたしは「ご飯会」を開くのが趣味なのですが、いろいろなことを考えながら声をかけるようにしています。何も考えずに声をかけていると思われがちですが、実は「この人とこの人が出会ったら、こんな良いことが起こりそうだな」とか「この人とこの人はなんだか波長が合いそうだな」といったことを考えているのです。

このように「ご飯会」に来てくれる人に対して、**楽しんでもらうために心を込めた「手間暇」をかけると、そこから素敵な縁が生まれてきます。**

その手間暇には、やはり「心の純度」が大切です。なのでこの手間暇に心を込めることは、絶対に忘れてはいけないと思っています。

わたしが「ご縁」に価値を感じたエピソードを一つご紹介しておきましょう。

わたしは数年前に、あるイベントで審査員に選ばれました。そのときに審査員でご一緒した方の中に、『つるピカハゲ丸』や『とどろけ！一番』を代表作にもつ漫画家・のむらしんぼ先生がいました。

わたしは先生とその場で打ち解けることができ、後日開催した「ご飯会」に先生を呼ぶと、のむらしんぼ先生が、友達の漫画家を呼んできてくれました。

それが、わたしが中学生のときに大好きだった『THE MOMOTAROH』を代表作に持つにわのまこと先生でした。その食事会には、偶然にわたしの妹も参加していました。そこで出会ったにわのまこと先生と妹は、のちに結婚することになったのです。たまたまイベントでご一緒した漫画家の方と仲良くなり、偶然にも連れてきてくれた友達と、偶然に居合わせた妹が、最終的には結ばれるなんて……。こうして、中学生のときに憧れた漫画の作者・にわのまこと先生とわたしは家族になりました。「ご縁」が幸せを運んできてくれたとても印象的な出来事でした。

このように**ご縁を大切にしてきた結果、わたしの周りにはたくさんの幸せが訪れて、わたしもたくさんの幸せを感じています。**このようなエピソードがわたしの周りには数えきれないぐらいたくさんありますが、そこには必ず**「見えない真心」**が存在しています。それを無意識に感じ取ってくれているから、参加した人が喜んでくれて、素敵なご縁に発展していくのではないかと思います。テクノロジーの発展によって、ずいぶんと便利な世の中になりましたが、だからこそ、**「心を込めた」ご縁が幸せを運んでくれる**のではないか。わたしはそう思っています。

まとめ

FIGHTNESS

「ご縁」は「見えない真心」の上に生まれるもの。

プラスのエネルギーは循環する

わたしは現役時代に美輪明宏さんの『双頭の鷲』という舞台に出演したことがあります。それは美輪さんの大ファンである友人の夢を叶えようと、親しくしている女優さんにお願いして、美輪さんの楽屋にご挨拶に伺わせてもらったことがきっかけでした。

そのご挨拶から数ヶ月後。わたしは美輪さんのマネージャーの方から突然舞台の出演オファーをいただきました。さすがに素人のわたしが美輪さんの舞台に出るのは恐れ多く、すぐにお断りしたのですが、美輪さん直々のご指名のようで、「ならば、直接本人に断ってください」と言われてしまいました。それで後日、直接お断りに伺ったところ、美輪さんのオーラがあまりにも凄まじく、頭が真っ白になってしまい、気がつけば「よろしくお願いします」と答えてしまっていたのです。

まるで笑い話のようですが、その舞台を見に来てくれていた多くのお客さんの中の一人が、後に妻となる純子でした。**友人のためにと思って動いたことが、思わぬ幸運を運んできたというわけです。**

その妻とともに2011年から毎年に欠かさず行っている活動があります。それは東日本大震災で被災した方々への募金活動です。

毎年3月になると友人たちに声をかけ、賛同してくれた方とともに、街中で行き交う人たちに募金を呼びかけています。いまも変わらずこのボランティア活動を続けているのは、一人でも多くの人の力になりたいからです。

震災直後は、数多くの人が募金をはじめとするボランティア活動を行っていました。しかし、東日本大震災という未曾有の出来事ですら、被災した当事者じゃない限り、慌ただしい日常に押し流され、ともすると忘れがちになってしまっています。だからこそ、この活動を続けて、**プラスのエネルギーを届けることに意味がある**と考えるようになりました。

みなさんは、**「バタフライ・エフェクト」**という言葉をご存知でしょうか？

バタフライ・エフェクトとは、ある場所での蝶の羽ばたきが、はるか遠くの場所の天気を左右する可能性があるという、気象学者の発表をもとにした考え方です。

わたしの場合、バタフライ・エフェクトのように小さなエネルギーが伝わっていく様子を、**「渦」**とか**「うねり」**という言葉を使って表現します。

わたしたちが持つプラスの感情には、ぐるぐると渦巻いてエネルギーを大きくしながら、周りの人たちを巻き込んでいく力があると考えるからです。

わたしが行っているこのボランティア活動には、「被災した方々の力になりたい」「被災した方々を元気にしたい」という感情が込められています。この感情がプラスのエネルギーになり、わたしたちの活動を目にした人に何らかのメッセージを与え、そのエネルギーが渦巻いて、大きくなっていくと信じています。このような活動を続けてきたおかげか、**「大山さんの周りは良い人ばかりだよね」**と言っていただくことが増えました。わたし自身、素敵な方たちに囲まれていることが大きな幸せです。きっとわたしの周りには、プラスのエネルギーが渦巻いているのでしょう。

このようにプラスのエネルギーを発し続けていれば、その力はだんだん大きな力に変わっていくはずです。**自分が喜び、相手が喜び、世界が喜ぶ。このようなプラスの渦が最終的に、世界平和につながっていることを、わたしは信じています。**

まとめ
FIGHTNESS

自分の発したプラスのエネルギーが渦となり、世界平和につながる力に変わる。

「すべてを力に」から「すべての力を一つに」へ

一人ではなく、みんなと歩んでいく

現役時代のわたしの座右の銘は「すべてを力に」でしたが、現在の座右の銘は「すべての力を一つに」に変わりました。

わたしはとても敗北の多い現役生活を送りましたが、それでもすべてに意味があることを信じ、パワーに変換して突き進んできました。

現役時代は、すべてを自分の力に変えて戦ってきましたが、引退してからは、多くの人とつながり、社会とつながりを持つようになり、**「自分だけの力ではなく、みんなで力を合わせ、みんなと喜びを共有して、みんなと歩んでいくのが社会なんだ。それが本当の人生の意味なんだ」**と考えるようになりました。

２０１９年12月、「ＨＥＲＯｓ ＡＷＡＲＤ２０１９」の授賞式に参加したときのことです。「ＨＥＲＯｓ」とは、「アスリートの社会貢献を推進しよう」という思いのもと、公益財団法人日本財団が立ち上げたプロジェクトで、「ＨＥＲＯｓ ＡＷＡＲＤ２０１９」では、その年に様々な社会貢献活動を行ったアスリートたちが表彰されていました。その受賞者の一人に１９８４年ロサンゼルス五輪・柔道競技の金メダリストで、現在は日本五輪委員会会長を務める山下泰裕先生がいました。山下先生は、柔道を通じ、途上国との国際交流を行っています。

心に火をつけた山下先生の言葉

その山下先生が表彰スピーチで**「アスリートの力はすごい。アスリートが社会貢献に関わることで世界平和につながる。僕はそれを信じている」**という話をされたとき、わたしの体には稲妻に打たれたような衝撃が走りました。体が震え、目からは自然と涙が溢れ出てきました。

「アスリートが社会に貢献することによって、世の中を変えることができる」と教えていただいたわたしは、「アスリートと子どもたちをつなげるイベント」を開催することを決意したのです。

わたしの周りには、障がいのある子どもがたくさんいます。そして、アスリートも。わたしの頭にその人たちを集めてイベントを開催した光景が浮かぶと同時に、ピーター・アーツ選手と対戦したときのように体中が喜び始めるのを感じたのをいまでも忘れません。

わたしは突き動かされるようにその場で友人の小澤綾子さんに、たったいま頭の中に浮かんだそのイベントを開催したいとメールをしました。彼女は、筋ジストロフィーという難病を抱えながらもシンガーとして活躍されている方です。

彼女からはすぐに「絶対に実現して欲しい」という返事が届きました。そのメールを見た途端、細胞に火がついたかのように、心が燃え、体が踊り出しました。

授賞式が終了すると、燃える思いそのままに、すぐに山下先生の所へ駆け寄り、イベント開催の決意を伝えました。山下先生は「そうか、頑張れ!」と強く握手をしてくれました。その瞬間、またわたしの体は震え出しました。

「40代半ばの大人が、たった一人のアスリートの〝頑張れ〟という言葉で、こんなに感動するものなのか」。わたしはそんな自分の感情に驚きながら、「自分にも誰かに対して人生が変わるほどの感動を与えることができる」と考えました。

すべての力が一つになったとき……

わたしはすぐさま手帳を開き、開催のイメージを膨らませ、翌日にはイベントを開催する日を決めると、すぐに友人のアスリートたちに「イベントを開催するから協力して欲しい」と連絡しました。すると、「ぜひやりたい」「力になりたい」と、多くの人から、次から次へと返信が届きだします。

その返信を見たわたしはさらに突き動かされ、企画の準備へと取りかかります。小澤さんから障がい者事業を展開する方を紹介してもらい、同時に一般社団法人『ＹｏｕーＤｏ』を設立。それは山下先生のスピーチを聞いてから3ヶ月後のことでした。

イベントのほうはというと、新型コロナウィルスの感染拡大の影響で予定していた2月はやむなく延期となりましたが、未曽有の困難にもみんなの心は途切れることはなく、2020年の夏、約100名の規模でオンラインにて開催することができました。

イベントを通じて、参加者たちと「夢を語り合い、応援し合い、歓び合う」時間を共有することができ、「夢が増えた、勇気を持つことができた」という子どもたちの声や、

「つながる・応援し合う素晴らしさを再確認した」というアスリートの声を聞くことができました。**このイベントはまさに、「すべての力を一つに」という新たな座右の銘が現実になった瞬間でした。**

自分のためではなく、「人のために動いていこう」という想いからアクションを起こしたことがきっかけで、多くのアスリートや友人たちが協力してくれ、イベントに参加してくれた子どもたちの夢が広がりました。

そして、想いをみんなで共有することでさらに大きなパワーとなり、大きな「渦」を巻き起こすことができたのです。

すべての力が一つになったとき、想像を超えた力が生まれます。

この本は、多くの力が一つにまとめられた素晴らしい内容になっています。本書を手にしたみなさんにも、きっと大きな力を与えてくれることでしょう。

この本がみなさんの豊かな人生を送るための一助になることを心から願っています。最後まで本書を読んでいただき、本当にありがとうございました。

2020年9月　大山峻護

●参考文献

『脳を最適化する　ブレインフィットネス完全ガイド』（アルバロ・フェルナンデス、エルコノン・ゴールドバーグ、パスカル・マイケロン 著、山田正久 訳／CCC メディアハウス）
『心の神経生理学入門　神経伝達物質とホルモン』（ケヴィン・シルバー 著、苧阪満里子、苧阪直行 訳／新曜社）
『禅と脳　「禅的生活」が脳と身体にいい理由』（玄侑宗久、有田秀穂 著／大和書房）
『世界のエリートがやっている最高の休息法』（久賀谷亮 著／ダイヤモンド社）他

本書の公式 note はコチラ

本書に収録のエクササイズの動画や本書に関する
イベント情報などがご覧になれます！

構成：瀬川泰祐
本文イラスト：二階堂ちはる
本文デザイン・DTP：辻井知（SHOMEHOW）

著者紹介

大山峻護（おおやま・しゅんご）

企業研修トレーナー

1974年生まれ。5歳より柔道を学ぶ。全日本実業個人選手権81キロ以下級優勝。2001年プロ格闘家に転身。アメリカのキングオブザケージでマイク・ボークを右ストレート一撃17秒で倒す。PRIDE初参戦の「PRIDE.14」ではヴァンダレイ・シウバと対戦。「PRIDE.21」ではヘンゾ・グレイシーを破る。05年「HERO'S」へ初参戦、ピーター・アーツなど強豪から勝利を収め、12年ROAD FC初代ミドル級チャンピオンに輝く。14年12月6日パンクラスで桜木裕司との対戦を最後に現役を引退。その後、企業向け人材育成サービスを提供するエーワールド株式会社を設立。現在は日本で初めて格闘技を応用した研修プログラム「ファイトネス」で高校、大学の教育機関、スポーツチーム、100社以上の企業でチームビルディング、メンタルタフネスの企業研修を実施している。主な著書に『科学的に証明された心が強くなるストレッチ』（共著／アスコム）がある。

ビジネスエリートがやっている
ファイトネス　　〈検印省略〉

2020年 10月 19日 第1刷発行

著　者――大山 峻護（おおやま・しゅんご）
発行者――佐藤 和夫

発行所――株式会社あさ出版

〒171-0022 東京都豊島区南池袋2-9-9 第一池袋ホワイトビル6F
電　話　03（3983）3225（販売）
　　　　03（3983）3227（編集）
ＦＡＸ　03（3983）3226
ＵＲＬ　http://www.asa21.com/
E-mail　info@asa21.com
振　替　00160-1-720619

印刷・製本 （株）光邦

facebook http://www.facebook.com/asapublishing
twitter http://twitter.com/asapublishing

ISBN978-4-86667-240-3 C2034